ひかりTVオリジナルドラマ

Borderles

ボー

公式メモリアルブック

CONTENTS

バラバラに見えた
謎の屋敷に住む
美少女
喫茶店を
手伝う姉と
反発する妹
4つのストーリーが

高校の同級生
逃亡する
姉妹
結びつく先に
悲劇が・・・

高校パート

木下（阿部 力）

奈緒と希莉の担任の教師。希莉に執着しており、希莉の教科書に脅迫文を書いていた

ストーカー

紗子（紺野彩夏）

奈緒と希莉のクラスメイトで奈緒の幼馴染み。明るい性格でスクールカースト上位の人気者

恋人

安藤雄太
（近藤雄介）

親友

片山希莉
（齊藤京子）

密かに小説を書いていて、好奇心旺盛。取材と称して殺人事件の現場にも出向く

おもしろい人

森 奈緒
（森田ひかる）

平凡な生活を送っていたが、希莉に殺人事件の現場へ誘われて事件を調べることに……

気になる存在

事件現場で拾ったカフスボタンを謎の男に奪われかけ、希莉はそれが事件に関係あると確信

事件現場で拾う

進路に迷う奈緒に「ほかの人の人生観にふれることで世界が広がる」と父がすすめた小説

親子

森 俊徳
（アキラ100%）

夫婦

森 楓
（栗田 麗）

奈緒の両親。俊徳は公務員で楓は専業主婦。一人娘の奈緒のことを温かく見守っている

が交錯する相関図

?

麻耶が結樹の書棚から借りた本。奈緒が父からすすめられた小説と同じタイトルだが……

篠塚麻耶
（ルウト）

結樹が眺めるのを楽しみにしていた、屋敷の前を通る女性。目的があり、結樹に近づく

愛し合う

松宮結樹
（遠藤さくら）

幼いころから体が弱く、屋敷で療養中。ひょんなことから交流を深めた麻耶に惹かれていく

清美
（尾崎明日香）

愛人

?

親子

夫婦

屋敷パート

宮部真知
（陽月 華）

秘書

松宮重信
（手塚とおる）

結樹の父親で松宮製薬の社長。麻耶とは因縁があり、娘の結樹が麻耶と会うことを禁じる

松宮寛子
（国生さゆり）

結樹の母親で松宮製薬の副社長。結樹は寛子の目を常に気にしている

4つの世界『ボーダレス』

逃亡者パート

八辻孝蔵（濱津隆之）

芭留と圭の父親。空手の先生をしていたが、現在は別荘の管理のアルバイトをしている

親子

八辻芭留（渡邉理佐）

幼少期の妹の事故は自分の責任だと感じており、妹の目になろうと、常に圭のことを気遣う

姉妹

八辻 圭（濱岸ひより）

幼少期の事故の後遺症で視力が弱くなった。子供のころは姉妹で空手をたしなんでいた

襲う

孝蔵は、別荘に出入りするところを見られ、黒ずくめの男に暴行される。女を捜しているようだが……

追いかける

黒ずくめの男（???）

?

「喫茶　ドミナン」パート

親子

市原静男（宮川一朗太）

琴音と叶音の父親で「喫茶　ドミナン」の店主。姉妹が元の関係に戻るよう願う

姉妹

市原琴音（小林由依）

「喫茶　ドミナン」に勤務。自分の音大受験失敗を機にピアノをやめた妹を心配している

心配

反発

市原叶音（早川聖来）

高3で、現在バンド活動中。和志と琴音の仲を眺め、和志に対する気持ちを抑えている

♡

片思い

中島和志（押田 岳）

「喫茶　ドミナン」にコーヒー豆を卸す。姉妹の幼馴染みで琴音のことを気にかけている

名場面ダイジェスト①

奈緒&希莉

平凡な女子高生・奈緒とミステリアスな同級生・希莉。事件をきっかけに、お互いが刺激し合って成長していく。

希莉「知らない世界に入っていくのは本当に楽しいよ」

奈緒「片山さんに、『知らない世界に入っていくのは楽しい』って言われた時、初めて知らない世界を覗いてみたいって思えたの」

図書室で偶然会った２人。法医学などの本を手に嬉々として語る希莉の姿が印象的（第１話）。続く第２話では、それに対する奈緒の素直な気持ちが語られる

奈緒「私は、物語の主人公になんてなれない」

朝7時半に起床。朝食を食べ、学校へ行くために身支度を整えながら、鏡に映る姿をぼんやりと見つめる奈緒。どこを取っても〝普通〟の自分に希望を見出せないでいた（第1話）

希莉「この小説の中で生きている人たちは、もしかしたら、どこか、そういうパラレルワールドの中で、ちゃんと生活してるのかもって思うんだよね」

希莉が書いている小説の続きが気になる奈緒。「小説の登場人物は、じつは別の世界に存在していて、私たちも誰かが書いた物語の主人公なのかも」と言う希莉に感心する（第2話）

名場面ダイジェスト① 奈緒&希莉

奈緒に「早く続き読みたいな」と言われて嬉しくなる希莉。事件のカギとなるカフスボタンも小説に……と笑い合う。2人の距離が徐々に縮まっていく（第4話）

奈緒「私、大した感想言えないけど……希莉が書く女の子って好きだよ」

何者かに尾行写真を送りつけられ、怯える奈緒。自分の好奇心から、奈緒を事件に巻き込んでしまったことを後悔する希莉は、「なんで奈緒なの？」と自分を責める（第4話）

次第にお互いを特別な存在だと認め始める……

放課後、一人寂しく図書室へ向かった希莉の前に「遅いよ。カフス工場、調べるって言ってたじゃん」と、奈緒が笑顔で現われる。両手には事件を追うための資料が……（第4話）

奈緒「女子高生の探偵ごっこかあ……なんか、悔しいな。バカにされたみたいで」

希莉「女子高生なんてバカで常識もセオリーも知らない、無軌道な生き物だからね」「それが良いところなんだけど」

カフスボタンの持ち主が、松宮製薬の社長ではないかと思った２人は、証拠捜しを始める。苦戦するが、奈緒のひらめきと希莉の行動力が、２人を確信へと導いていく（第６話）

事件現場でカフスボタンを拾ったことを松宮製薬の社長夫人・寛子に報告し、犯人の手がかりを得ようとするが、〝探偵ごっこ〟と一蹴される。それでも、２人は諦めない（第７話）

名場面ダイジェスト②
芭留＆圭

山の中を逃げ惑い、さまよう姉妹。昔観たドラマで流れていた曲をハミング。別のシーンでは同じ曲を叶音がギターで演奏し、それぞれの世界のつながりが見え隠れする（第1話）

視力が弱い妹・圭と、その原因を作ったことに苦悩する姉・芭留。常に手を握り合って支える2人の関係は？

我ら空手道を修むる者は、ひとつ、如何なる時も正義を守る心を持つこと！」

妹は守られるばかりの自分からの卒業を誓う

事件前、父が管理する山奥の山荘を訪れた姉妹。食事の準備をした芭留は、かいがいしく妹・圭をサポートする。久しぶりに親子3人の穏やかな時間が流れる（第2話）

体力の限界を迎える芭留を勇気づけるため、圭は立ち上がり、空手道の道場訓を披露。「苦しいことがあっても、こんなことでへこたれちゃいけない」と圭（第7話）

芭留「あの日誓った。これからは、
私が圭の目にならなくちゃ
いけない」

幼いころ、自分の不注意で圭の視力が弱くなったことを後悔し、妹を守り続けると誓う芭留（第2話）。それに対し第7話では、いつもそばにいてくれる姉への圭の思いも語られる

山中で古い空き別荘を見つけた姉妹。そこで一夜を過ごすことに。「この子の眠っている間だけ見せる、あどけない表情が私は大好きだった」。芭留は圭に優しく寄り添う（第3話）

圭「お姉ちゃんの手だけは、
私には見えるんだ」

名場面ダイジェスト③

琴音&叶音

音大受験に失敗し、実家の喫茶店を手伝う姉・琴音に反発する妹・叶音。2人の関係は、事件を境に急展開する。

家を出て、東京へ行きたいという叶音の正直な思いを知った琴音は、コツコツ貯めていた預金の通帳を叶音に差し出す。しかし、叶音はそれを素直に受け取らない……（第6話）

姉の優しさに反発する
妹には秘めた思いが……

琴音はギターの練習をする叶音にサンドイッチを差し入れする。「ごめん、邪魔しちゃって」と気を遣う琴音に対し、叶音はそっけない態度を取ってしまう（第1話）

叶　音「音楽って、音が楽しいって書くから
音楽だよね」
「私、音楽に苦しめられたくない」

琴音が音大受験に失敗したことをきっかけに、ピアノをやめてしまった叶音。「お姉ちゃんみたいになりたくない」と言い放ち、姉妹の間には大きな溝ができてしまう（第３話）

琴　音「あの子が変わってしまったんじゃない。

私が変えてしまったんだ」

「私が、全部壊してしまった」

姉妹の仲がよかったころの写真を見つめ、楽しくピアノを連弾していたときのことを思い出す琴音。自分が音大に進学できなかったことが家族を不幸にしたと思い悩む（第３話）

「ずっと……好きでした」。叶音は、幼馴染みで姉の恋人でもある和志に長年秘めてきた恋心を告げる。琴音と和志のそばで、叶音はずっと切ない思いに苦しんでいた（第７話）

名場面ダイジェスト④

結樹＆麻耶

いけないと知りながら
止められない思いが募る

体が弱く屋敷で療養を続ける結樹の前に現れた美しい女性・麻耶。運命の出会いが結樹の人生を変える。

結樹の母に会うことを禁止されるなか、密かに逢瀬を重ねる2人。麻耶から指輪を贈られ、「愛している」と伝えられた結樹は、それに応えるように麻耶に口づけをする（第5話）

麻耶「あなたには、他の誰にもない魅力がある。美しさがある。価値がある……」

結樹の部屋を訪れた麻耶。2人でベッドに腰かけ、麻耶は結樹の唇に紅をさす。初めての経験に結樹は戸惑うが、麻耶の魅力的な世界に引き込まれ、愛を交わす（第5話）

門の前で語り合う2人。結樹は自分が病弱ゆえに自由になれない悩みをさらけ出す。一方、麻耶は「男性も女性も美しい人が好き」と意味深な言葉で結樹を動揺させる（第5話）

夕方、家の前を通り過ぎる麻耶に、自分の存在を知ってもらいたいと願った結樹。目が合い、挨拶を交わした日は、夜になっても胸の高鳴りが収まらない（第５話）

結樹「この目に映る世界が一変したようだった」

「その理由は分かっている。彼女が見せたあの微笑と会釈。その魅力の波は思い出すたびに大きくなり……

麻耶が残した本『初恋』には麻耶自身が書いた「愛してる」の文字と口づけの痕が。本を抱きしめ、麻耶からの愛情を噛みしめる結樹だったが、会えない悲しみで涙が止まらない（第５話）

片山希莉

齊藤京子（日向坂46）

密かに小説を書く女子高生と
彼女に興味を惹かれる同級生

森 奈緒
森田ひかる（欅坂46）

Interview

森田ひかる

森 奈緒

奈緒が少しずつ変化していくのが
伝わればいいなと思っています

奈緒の変化に驚きながらも楽しんで演じました

——全編を通して奈緒の成長も描かれた物語でしたが、奈緒の印象はどう変わっていきましたか？

最初はすごく普通のコだと思いました。事件に対してものすごく怯えていて……。でも希莉と出会ってからどんどん変わっていきました。どうも心を開いた人には積極的にいくコだったみたいで（笑）。途中、希莉に「一緒に調べよう」と言い始めたときは、私自身、演じていてすごく嬉しくなりました。

——すごく積極的になりましたもんね。

希莉よりも積極的なんじゃないかな？ってときもあって。台本をいただいたときから、その変化に驚きながらも楽しんでいました。そして、まさか最後に刑事になるとは……。希莉ではなく奈緒が⁉って驚きました。でもその意外性も含めておもしろいんです。

——演じていて難しいと感じたことはありましたか？

奈緒は普通のコなので、その普通を演じるのが難しいと思いました。でも普通の中にも、奈緒なりの個性があるんです。そこを出していけば〝奈緒らしい普通〟が伝わるんじゃないかと。そして奈緒の少しずつの変化は、セリフだけではなく、人に対しての態度や温度感といった、奈緒の中から生まれる雰囲気を通して伝われればと思いながら演じていました。

——ドラマを観ていて、奈緒の変化は表情からも伝わってきました。

「どうしよう」というセリフや困っている表情が多かったので、そのなかでも変化をつけようとは頑張っていました。でも難しくって……。ただ、奈緒には希莉にだけ見せる顔があって、そこがどんどん変化していくんです。なので、希莉から見てどう感じるかを意識して演じた部分はあります。撮影に入る前に監督から「奈緒と希莉のバランスを大切にしていきたい」と言われていたのもあって、私も〝奈緒希莉〟というコンビをすごく大切にして演じていました。

——ミステリーとしての物語を引っ張っていくのが、奈緒と希莉でしたよね。

そうなんです。もちろんほかのパートもすごく大切なのですが、軸として奈緒と希莉のパートがあって。物語をおもしろくさせるほかのパートをきちんとつなげていけたらいいなと思いながら演じていました。

——台本では読んでいたと思いますが、ほかのパートを含めて、映像になったものをご覧になっていかがでしたか？

自分が出ていないパートって、どこでどんなふうに撮っているのかまったく知らなかったんです。なのであらためて映像として見ると、こんな感じで話が進んでいたんだと、おもしろくなりました。そして物語を含めて、自分たちが撮影していた場所とかとも交差していく瞬間があって、最高だなって。とくに第7話以降、「ドミナン」でみんなが出会っていくシーンはすごく楽しかったです。

——注目していたペアはありますか？

それぞれのよさがあったんですが、やっぱり琴音ちゃんと叶音ちゃんの市原家のシーンは見入っちゃいました。お父さんの静男さん（宮川一朗太）や和志さん（押田岳）も含めて、皆さん演技がすごくて……。後半に向けてひとつになっていく感じはすごく魅力的で、第6話なんて泣いちゃいました。あと、最終話の台本を読んだときも泣きました（笑）。意外と泣きポイントが多いのもこのドラマの特徴のような気がします。

——まわりの反響はどうでしたか？

櫻坂46のキャプテンの菅井（友香）さんや松田里奈が「観てるよー」と言ってくれて。ちょっと恥ずかしいけど嬉しいなって思いました。でも感想はまだ聞いていないです。やっぱり恥ずかしいのが勝っちゃうんですよね（笑）。

——そもそもドラマに出演するのは今回が初めてですが、最初はどのような気持ちだったんですか？

初めての挑戦だったので、経験できるこ

とがすごくありがたいことだと思いました。お芝居自体に興味はあったので。ただ、しばらくは心の中にモヤモヤがあったんです。原作を読んで、まだ仮の状態の台本をいただいたときは、奈緒をどういうふうに演じたらいいのかわからなくって……。いろんな演じ方があると思うのですが、やっぱり奈緒は自然体がいいなと思い、最終的には何も考えないようにしたんですけど、最初はすごく考えちゃいました。

——演じることが楽しくなったのはいつごろからですか？

うーん、どうだろう。ずっと難しかったのでなんともいえないですが、最初のころは、今見ても納得いっていないところが何カ所かあります。第2話の紗子（紺野彩夏）の彼氏の赤い車に追いかけられるシーンは、クランクインして2日めに撮っていて、どこがというわけではないんですが、まだ奈緒に完全になれていないというか……。できることなら撮り直しをしたい（笑）。気持ちの作り方が難しかったです。あと、第1話のラスト、教科書を見て驚くシーンですが、あそこは「次週、また観たい」と思ってもらうためにすごく大事なシーンだと監督にも言われていて……。すごく難しかったのを覚えています。

希莉とのシーンは
ドキッとすることの連続でした

——自分が出演しているシーンをご覧になっていかがでしたか？

撮影のときは映像チェックをしていなかったので、こういう雰囲気で撮っていたんだと驚きました。もちろん素敵だと感じるところもあれば、もうちょっとここはこうすればよかったなと思うところもあって。それはさっきの第2話のところもそうですが……。反省点というか、いろんなことを思いながら見ていました。

——素敵だと思ったシーンはどこですか？

これは現場でも感じたのですが、第1話の図書室のシーンです。「知らない世界に入っていくのは本当に楽しいよ」と希莉が言うところは、本当に神秘的です。奈緒が希莉に対して感じた憧れなどが一気に伝わるシーンで、心情を表わしていると思いました。

——図書室は2人にとっていろいろあった場所ですね。距離が近づいたり、第4話ではちょっとギクシャクしていたのが解消されたり……。

第4話は、希莉が勝手に考え込んじゃっているんです。奈緒は、自分の部屋のベッドで希莉の小説を読んでいたり、明日もまた誘って一緒に行きたいと思っていたはずなので……。その2人のすれ違いみたいなのはおもしろいと思います。ちなみに奈緒が「遅いよ」とぴょこんと飛び出してくるシーンは演じていて楽しかったです。そして奈緒は本当に純粋で優しいコだなと思いました。

——後半になっても奈緒の優しさは変わらなかったですね。

第8話で麻耶さん（ルウト）が結樹ちゃんの本（『初恋』）を落としてそれを拾うシーンがあるんですが、そういうところでも奈緒の優しさが垣間見られて……。すごくよかったです。まぁ希莉には「感情移入しちゃダメだよ」と注意されちゃうんですけど（笑）。第9話の、結樹ちゃんのお母さん（国生さゆり）に「結樹さんに渡してあげてください」と本を渡すシーンはすごく好きでした。私自身、悲しくなっちゃいました。

——齊藤京子さんの演技はいかがでしたか？

実際にそばで見ていたのと映像とはちょっと違うと思いました。その違いを言葉では表現できないのですが（笑）。映像だとよりいっそうキャラも立っていました。最終回の、4年後の希莉は、相変わらずなんだけど私が知らない大人な感じもして、ちょっとドキッとしました。でもそう思わせるってすごいですよね。さすがです。

——監督に言われて印象に残っていることはありますか？

お芝居についてというより、奈緒との向き合い方をたくさんお話しした印象です。金井（紘）監督の言葉はひとつひとつがすごくて、全部沁みました。そしてなによりも現場が楽しかったのがいい思い出です。お昼になると監督が「今日のごはんは何？」って聞いてきたり、お弁当用に電子レンジを持ってきてくれたり。その温かい空間に私自身もすごく助けられました。

——そんな現場を楽しんでいる姿はメイキング映像にも映っていましたね。

真剣なシーンのテストのときとかも撮っているので、すごく恥ずかしかったです。だってカメラがずっとこっちを向いているんです。どっちを見たらいいのか困っちゃって（笑）。でもこんなに現場の雰囲気をお届けできるのもこの作品ならでは。あの映像を観たら、京子さんとの距離がどんどん縮まって、バディ感が生まれていく感じがわかると思います。

——またお芝居をしたいと思いますか？

MVは楽曲と向き合ったり、メンバーと一緒に作り上げるものですが、お芝居はまたまったく違う感覚で、不思議で難しかったです。でも、またやりたいと思いました。どんな役でもいいです。コメディとかもおもしろそうですし。あと今度は、私がミステリアス風で京子さんが怯える役とかもいいかも（笑）。逆転な感じで。

——齊藤さんと出会えたのもすごくよかったですね。

クランクアップのときも寂しいほうが強かったですから。これからもずっとこの関係性でいられたらいいなと思います。

もりたひかる　2001年7月10日生まれ
福岡県出身　B型　T150.5　櫻坂46 二期生

奈緒へ

約2ヵ月間、本当にありがとう。
奈緒の人柄にふれて、私自身も少し変わった
気がします。最後まで優しさに溢れた奈緒が
とても好きです。
そして、希莉に出会えて良かったね。
希莉と仲良くなっていくにつれて、奈緒の笑顔が
増えていって…。幸せでした ◡̈
ありがとう ー！

森田ひかるより

京子さんとのこの関係が続けばいいな

Interview

齊藤京子

片山希莉

希莉と出会えたことが
すごく幸せでした

希莉は全編を通して印象がかなり変わっていく

――撮影が終わったときの感想は？

クランクアップの日が来てほしくないと本気で願うほど、本当に寂しくて。正直、最初はここまでの気持ちになるとは思っていなかったんです。

――最初はどんな感じだったのですか？

出演できると聞いたときは嬉しかったのですが、その時期にライブとか楽曲の制作期間とかが重なるのがわかっていたので、私、全部やり遂げられるのかな？　という不安もあったんです。私自身、そんなに器用ではなく、できることならひとつのことに思いっきり集中したいタイプなので。ただ今回、すべてを全力でできることを知りました。そして、この『ボーダレス』の現場が安心できる現場になっていきました。

――温かい現場だったんですね。

3人の監督がムードメーカーで、スタッフの皆さんもおもしろくて優しくて、すごく居心地のいい現場でした。金井監督が「温かく楽しい現場を目指した」とおっしゃるのもすごく納得しました。あとスタッフさんも全体的に若くて、同世代感があったのもよかったです。

――森田ひかるさんとの距離もどんどん縮まっていったように見えましたが……。

最初は、櫻坂46さんの二期生のかわいいコ、という感じでしたが、今ではバディのようです。〝奈緒希莉〟って呼ばれていますが、すごく相方感を感じています。次会ったときもその感覚は変わらないと思います。

――2人の仲が変化していったきっかけみたいなものはあったのですか？

最初は「おはようございます」「おつかれさまでした」の二言くらいしか話さなかったんです。本当にドラマの〝奈緒希莉〟のままで。ただ第2話あたりで2人の掛け合いが増えてきてから変わりました。奈緒と希莉が仲よくなっていったからこそ、私たちも続いたというか。そこからは会うと安心感が出るようになって。「あっ、いる！」と確認したら勝手に安心したりして（笑）。楽屋でもすごく静かなんですが、そこにいるだけでいい、という感覚になり、それは最後まで続きました。あと、笑いのツボがびっくりするくらい一緒で、それを認識してからすごく仲よくなりました。

――希莉をどのような人物と思いました？

全編を通してかなり印象が変わるキャラクターだと思いました。なかでも第1話は本当に怪しくて……。私も犯人に見えるような役作りをしましたが、見終わった方に〝希莉＝ミステリアス〟と印象がついて（笑）。そんなコが奈緒と絡んで、どんどん人間性が出ていったという感じです。第4話なんて、奈緒のことを思いすぎて泣いちゃったりとか、奈緒がいたから毎日が楽しかったんだって思い詰めたり……。全然、ミステリアスなんかではなくて（笑）。そういうふうに変化していくのがおもしろいし、演じていても楽しいと感じました。

――楽しさを感じて演じていたんですね。

う～ん。第1話とかは本当に難しかったです。どうすれば希莉をうまく演じられるのかってすごく考えていて。ただ、人間らしくなってからは楽しくなりました。

――希莉をどう役作りしましたか？

金井監督に、「希莉はどのセリフも少し余裕があるように話して」と言われたことはよく覚えています。最初の本読みの段階では、私はもっと軽い感じでセリフを言っていたんです。でも、もっとそこに余裕を持たせて、あっけらかんとした明るい雰囲気を足してと言われて。けっこう難しいと感じました。第1話の事件現場での「犯人はどんな気持ちだったと思う？」というセリフなんて、余裕を持たせすぎて、本当に犯人に見える感じに映っちゃって（笑）。でも映像になったものを見たとき、その雰囲気が希莉のキャラクター像にぴったりだと思いました。やっぱり監督ってすごいなって。

――すぐに対応できたのですか？

監督から細かく指示をしていただいたおかげで形になりました。私はまだまだ初心者なので、言ってもらえてすごくありがたかったですし、安心もしました。

――長ゼリフも多かったですね。

セリフがいっぱいあるのは、最初から最後までずっと変わらなかったです。セリフ量だけでいうと私がいちばん多かったのかも（笑）。去年、『ＤＡＳＡＤＡ』（日本テレビ）に出させていただいたとき、ほんのひと言のセリフだったんですけど全然覚えられなかったんです。それくらい絶望的にセリフ覚えが悪くって……。でも今回でセリフ覚えがよくなりました。これは自分にとってすごく大きな成長だと思います。

――どうやって覚えたんですか？

変わったことはせず、ひたすら集中して覚えるだけです（笑）。というか、今までが逆に全然集中できていなかったんだなって反省です。やっぱり追い込まれるって大事なんだなって思いました。もう覚えないと後がないという状態だったので、ひたすら覚えていました。ちなみに耳から入れるのが覚えやすかったです。自分でセリフを録音して、それをひたすら聴くという。とくに今回、栃木県や埼玉県など遠いところでの撮影が多かったので、その移動の車中は音楽を聴くように聴いていました。ただ話が進むにつれて都内での撮影も増えて、移動時間が20分とかになってくると大変でした。もう、ひたすら覚えていました。

自分の将来にお芝居という選択肢が増えた作品です

――実際にドラマを観ていかがですか？

とにかくおもしろすぎて何度も観ています。配信が始まってからの撮影では、「わー、ここ松宮家のお屋敷だ」と心の中で思っていました（笑）。もう普通のドラマファンみたいな感じ。自分が出ているのを忘れて客観的な感じで楽しんでいました。

——ご自身の演技はいかがですか？

正直、あまり納得していません。物語は本当におもしろいし、希莉というキャラクターは大好きでドラマも大好きなんですが、唯一腑に落ちていないところというか。自分の芝居には一度も納得できていないです。モヤモヤした感じです。

——こうすればよかったと反省する感じ？

そうですね。演技が自然に見えないんですよね。どうしても役と自分を切り離せないというか。どうやったらうまくできるんだろう？　っていまだに思っています。そんななか、ファンの方の〝希莉＝ミステリアス〟のコメントは驚いたし、すごく嬉しかったです。そういうふうに見えるお芝居ができていたんだって。私は、悪役を演じたとき〝齊藤京子自体を嫌いになった〟って言ってもらいたいんです。それって芝居が自分を超えているわけですから。そんなお芝居ができるようになりたいとあらためて感じました。

——新たな目標ができた感じですね。

じつは、「ドミナン」のシーンで静男役の宮川一朗太さんと出番待ちで一緒になることがあって、いろいろお話をさせていただいたんです。そこで、「自分のお芝居はどう？」って聞かれて、一度も納得していないことを伝えました。そしたら一朗太さんは、「プロの俳優も女優も自分のお芝居に納得している人はいないよ。みんな自信はないもんなんだよ」って言われて。それを聞いてすごく勇気づけられました。だってあんなに上手なプロの方も自信がないなら、私に自信がないのも当たり前だと思えて。この言葉はすごく残っています。

——いい現場でしたね。

本当に。ほかのメンバーの演技はもちろんですが、一朗太さんや寛子役の国生さんのお芝居を間近で見られたのもすごく勉強になりました。一朗太さんのお芝居は語彙力を失うくらい素晴らしくって。上手というひと言で表わすのが本当に申し訳ないくらいでした。国生さんとご一緒して強烈に覚えているのは、第6話で希莉と奈緒が松宮製薬に行って寛子さんと対面するシーン。私たちは監督からここに座ってセリフを言って……と言われて指示どおりに演技をするんですが、国生さんは自らここのソファに座って、このタイミングで立って、ここでセリフを言ってと考えていらっしゃって。それを見た監督も「それいいですね」となり……。もう次元が違うなって。物語のつながりも含めて考えられていて、私ももっと物語を読み込まないといけないと考えさせられました。

——今回、いろんなことを経験して、またお芝居をしたいと思うようになりましたか？

はい。じつは私、参加するまでは将来の夢の中にお芝居という選択肢がなかったんです。歌はもちろんですがバラエティ番組に力を入れたいと思っていて。でも今回でお芝居も入りました。将来、バラエティ番組もですが、お芝居もきちんとやっていきたいです。そしてこの続編ができたら最高ですよね。刑事になっている奈緒についていって一緒に事件を解決したり……。絶対楽しいと思います。あと、〝みんなのその後スペシャル〟もやりたいです。それくらいこの作品が本当に好きなんです。

——この作品との出会いは齊藤さんにとってかなり大きいものでしたね。

一生忘れない作品になりました。クランクアップの日、役について話していたとき、桑島（憲司）監督から「京子は何も言わなくても出来上がっていた」と言われ、すごく感動しました。自分では自信がなかったけど褒めてもらえて。3カ月続けてよかったです。そして希莉と出会えたことがすごく幸せです。彼女の生き方、発するセリフがすごく心に刺さり、励ましてくれましたから。今も希莉みたいに生きたいなって思っています。本当に素敵な人間性を持った女のコなので。そんな希莉を多くの方が好きになってくれたこともすごく嬉しかったです。

さいとうきょうこ　1997年9月5日生まれ
東京都出身　A型　T 155　日向坂46 一期生

希莉みたいに生きたいなって思います

希莉へ
何かに熱中するととことんそれに全てを
捧けるところがかっこよくて、自分を持っている
希莉が大好きでした。相手を大切に思う
気持ち、その相手への優しさに感動しました。
私も希莉のようにもっと自分に自信を持って、
人生を前向きに生きようと思いました！

京子より

ボーダレス対談

森田ひかる×齊藤京子

撮影を重ねるにつれ〝奈緒希莉〟のように仲よしに

——3カ月の撮影でかなり仲よくなったとのことですが……。

齊藤　日に日に仲よくなっていく感じがありました。今となっては本当のパートナーみたいな感じ。撮影に来てひかるちゃんを見ると安心するし、いないと不安になる(笑)。ここまで笑いのツボが合うのはこの世で一人だけだと思っています。

森田　私、グループの中でも意外と一人で笑っていることが多いんです。なんかみんなと笑うポイントがズレていて(笑)。でも京子さんとはまったく同じなんです！

齊藤　王道的なところでは笑わないんだよね。そこ？　みたいなところで笑っちゃって。

森田　みんなが静かにしているなか、どこかでお布団を叩いている音が響き渡って笑ってしまったこともいい思い出。ずっと笑っていました。

齊藤　うん。メイキング映像にもいろいろ映っていたけど、あんなの序の口で。2人でいたときは本当にヤバかった。いちばん笑ったかも。でも笑うポイント以外も、基本、なんか似ていると感じてた。ひかるちゃんと楽屋にいるとすごく落ち着くんで。

森田　ベースが似ていると感じました。奈緒と希莉じゃないけれど、一緒のクラスにいたら絶対に友達になっていた気がします。

——最初のお互いの印象はどうでしたか？

齊藤　話したこともなかったし、グループも違うし、年齢も差があるので、私が隣にいて大丈夫かな？　と思っていたんです。

森田　私はバラエティ番組でも活躍されている姿を見ていたし、グループの中でもオールマイティな印象があるので、しっかりしてそうと思っていて……。最初のほうはあまり話もしていなかったんですよね。

齊藤　今ほどは話さなかったね。基本、「寒いね」とかばっかりで。でも話さなくてもその空間はすごくいいなと思ってた。それが撮影していくうちに〝奈緒希莉〟のようなコンビ感が出てきて、キャラクターと一緒に2人の関係性ができていったのかも。今となっては、私のパートナーといえばひかるちゃん。隣はすごく居心地がいい。

森田　第4話あたりから奈緒と希莉も仲よくなって、私たちもそのあたりからかな？　奈緒と希莉の絶妙なバランスは本当にいい感じで、それが現実にも出ているんだと思います。お互いを刺激し合って成長しているのもおもしろいし、そこも似ている気がして。奈緒と希莉を演じたからこそ、今みたいに仲よくなれたのだと思います。

——2人はどういう高校生でした？

齊藤　びっくりするくらい〝ザＪＫ〟でした(笑)。帰宅部だったので放課後のほうが長くて、プリクラを撮ったり友達と遊んだりしていて。それはそれで楽しかった。

森田　私はとくに何もせず(笑)。奈緒の第1話のセリフで「何もかもが普通」とありましたが、私の高校時代もそんな感じ。ゆる〜く毎日を過ごしていました。あと考えていたことや悩んでいたこともけっこう似ているかも。本当に奈緒は自分にそっくりだと思います。

——自分だけが知っている相手の秘密は？

齊藤　才能をたくさん持っているんだけど、そのひとつが〝晴れ女〟。今まで出会ったことのないレベルで晴れにしてくれる。クランクアップの5日前くらいに、「クランクアップの日、雨予報が出ているので頼みます」と連絡しました。

森田　それを見て、一回ベランダに出て念じました(笑)。そしたらすごく晴れて。

齊藤　このお天気はひかるちゃんのおかげと噛みしめながら演技をしたよ(笑)。

森田　今回だけかわからないけど、京子さんはけっこう自分に厳しいのかもと思った。間違えたときにいつも悔しそうにしているのを見て、すごいストイックだなって。

齊藤　NGはね。私のせいで時間がかかることが本当に許せないというか……。これが不思議で、べつにほかの人が原因だったら全然大丈夫なんだけど、自分というのがイヤで。共演者やカメラマンさんを含めたスタッフの皆さんに申し訳なさすぎて。

森田　そういうところがプロだと思います。まぁ2人ともゲラが発生してNGを出しちゃったこともありましたが……。

齊藤　我慢できなくなっちゃうんだよね。これ、けっこう深刻に悩んでいて。ゲラが発生しないようになりたいな。

——お気に入りのシーンは？

齊藤　最終回のラストです。刑事になった奈緒が、演出家になった希莉の舞台を観に来てくれて話をしているときに、電話がかかってくるシーン。「ごめん、行かなきゃ」「事件？　場所どこ？　一緒に行こう！」って言って一緒に走り出すところ。最初は事件現場に行くことも怯えていたのに、4年たったら刑事になっているなんて……。奈緒の成長が見られます！

森田　私もまったく同じところが好き！　4年たっても希莉は希莉だなって。希莉が演出家として舞台の真ん中に出てくるところは、奈緒として感動しました。あと序盤で気に入っているのは、奈緒が希莉を犯人だと思って怯えているあたり。あのときの奈緒はなんにでも怯えていて……。

齊藤　最初のころの奈緒はいろいろ疑っているからおもしろいんだよね。第1話のラストのほうの犯人っぽい希莉も今となってはいい思い出。照明とかもちょっと怖い感じで撮っているんですが、なぜかあの回だけで終わり(笑)。1話限りなので貴重です。

森田　私自身、『ボーダレス』に関わって変わった部分もあるので、リピート配信でそんなところもあらためて観てほしいです。

齊藤　本当に一生の宝物だと思う作品なので、何度も観て楽しんでほしいです。

一生の宝物と思える作品になりました
私たちはベースが似ている気がします

八辻芭留

渡邉理佐（櫻坂46）

目の不自由な妹と
彼女を支える姉

八辻 圭

濱岸ひより（日向坂46）

この経験を生かして
いろんなことに挑戦したい

Interview

渡邉理佐

八辻芭留

ひよたんといつもいたら
自然と芭留になりました

——ドラマをご覧になった感想を教えてください。

台本はもちろん原作も読んでいたのですが、あらためて映像になったものを観ると、やっぱり怖いなって思いました。そしてこの先どうなっていくんだろう？　というワクワク感もあって、素直に楽しめました。やっぱり映像で観るっておもしろいんですね。ファンの方々の感想も見させていただいたんですが、けっこう多くの方が「意外と怖い」とつぶやいていて。私だけじゃないんだなって思いました。

——原作と違う部分もあり、ドラマならではの楽しみがありました。

台本をいただくとき、毎回楽しみにしていたんです。自分のところはもちろん、ほかの方のパートはどうなるんだろう？　とか、こうやってつながっていくんだって思ったり。知っているはずなのに、新たな発見が多かったです。

——原作の芭留は、渡邉さんを想像して書かれたとのことでしたが……。

本当にありがたいです。そして私は芭留みたいな感じに映っているんだと思って、すごく嬉しかったです。なかなか自分では気づかないことなので。ただ私は、芭留みたいに優しくないんですよ（笑）。これを機に芭留みたいに優しくて強くてたくましい人間になりたいです。

——芭留をどういう人物だと思って演じましたか？

妹の視力が弱くなったのは自分のせいだと小さいころから思い続けてきて、だからこそ自分が圭ちゃんの目になると、手をつなぎながら生活してきたんですよ。それができるって本当に強いと思います。そしてすごく優しくて包容力もあって、なんかカッコいいお姉ちゃんだと思いました。それと同時に、じつは弱いところもあるけど見せないようにしていて……。でも圭ちゃんはちゃんとわかっているんです。芭留と圭ちゃんはお互いに支え合っているいい姉妹だと感じました。そして演じながら、家族っていいなと思いました。

——お互いにいたわり合っていることが画面から伝わってきました。

何かあるたびに圭ちゃんのほうを見たり、つないでいる手を力強くギュッと握ったりして、一人じゃないんだよと伝えるようにはしていたんです。それが映像で伝わったのだとすれば嬉しいです。

——芭留の気持ちはどのように作っていたのですか？

撮影を重ねるにつれてひよたん（濱岸ひより）との役以外での仲も深まっていったので、自然と愛おしいと思ったり、私が引っ張っていかなければという気持ちになりました。それがお芝居に出てきたのだと思います。お姉ちゃんだからしっかりしようという気持ちは徐々に芽生えてきた感じです。実際にスタッフさんから「本当の姉妹みたいだね」と言っていただくことが増えていったので、はたから見ても姉妹感が強まっていたんだと思います。

——妹が欲しくなりましたか？

妹っていいですね。女のコ同士だからこそわかり合えることがあると思うので。芭留と圭ちゃんのことがうらやましいなって思いました。

——濱岸さんとの関係もよかったですね。

最初はお互いに人見知りしていたので、撮影以外ではそんなに会話がなかったんです。でもドラマって時間をかけてチームになっていくので、次第に距離が縮まっていきました。あと寒かったのもよかったのかも。2人で「寒いね」「あとちょっとでご飯だよ」と支え合いながら過ごしていたので。今思うと、ご飯がとても楽しみになっていました（笑）。

——濱岸さんも一緒にチョコを食べていたのがいい思い出と語っていました。

チョコもたくさん食べたなー。そして後半は、合間によくおしゃべりをしていました。毎日撮影という感じではなかったので、その間のグループ活動の近況報告をし合ったりして。なにげないことですが、たくさ

ん話せて、すごく楽しかったです。

——濱岸さんはアクションシーンなどいろんなことに初挑戦していましたが、近くでご覧になっていていかがでしたか？

第9話の「ドミナン」でのアクションは見守りたかったのですが、ちょうど私がいないシーンで、すごく残念でした。ただ、ひよたんが練習をしているところをチラッと見たことがあるんです。最初は型を決めるのが難しそうで本当に苦戦していたんですが、やっていくうちにだんだんできていって……。ひゅるひゅるっと機敏な動きをしていて、カッコよかったです。とくにテーブルの上を転がりながら戦うシーンはすごかった。もし機会があるなら、私もやってみたい、なんて思いました。

シンプルに演じることの難しさをあらためて知りました

——芭留はセリフが多い役ではなかったですが、演じていて難しかったですか？

芭留も圭ちゃんも長いセリフはなく、セリフのキャッチボールもあまりなかったので、セリフじゃないところで自分の気持ちを表現しなければいけなくって。森で逃げているときの恐怖心でいっぱいの表情だったり、息遣いだったり……なかなかうまくいかなかったです。とくに第6話で芭留が風邪を引いて熱が出ているなか、動こうとするシーンは難しかったです。体調が悪いうえに、今の状況から抜け出したくて助けてほしいという必死さも必要だったのですが、その加減がわからなくなってしまって。ちょっと心が折れそうになりました。

——表情や息遣いで心情を表現するのは大変ですね。

あと第2話の、お父さんが何者かにやられているのを近くで見てびっくりするというシーンも難しかったです。これも声を出しちゃいけないから表情で恐怖を伝えないといけなくて……。何度もやらせていただいちゃいました。

——最初の怯えている表情から次第に力強くなって、最後には圭の決断により解放されていく……。そんな芭留の変化は視聴者に伝わったと思いますよ。

そうなっているといいんですけど（笑）。それにしても森の中の2人は、もがいて必死になっていて、成長する手前の必死さのような感じがして好きでした。

——どのシーンが好きですか？

第9話の、病院で私たち姉妹とお父さんの3人で自分たちの思いを伝え合うところです。芭留を含め、3人がなんか吹っ切れた感じがして、すごく好きです。これまで本当につらい思いをして苦労してきた3人だからこそわかり合える空気があって。そしてまた〝先に行く〟みたいな未来が見えるシーンだったので、心に残っています。

——いろんなタイプの女のコが登場しますが、気になるキャラはいますか？

みんな個性的で好きなんですが、きょんこ（齊藤京子）は役にぴったりとハマっていると思いました。事件に対して興味津々で何事にも動じないあの感じ、セリフの間合いとかなんですかね？ すごくしっくりきておもしろかったです。今回の物語は、私を含めて怯えていたり、不安に思っている人が多いなかで、希莉ちゃんだけがずかずかいきますから。すごく魅力的なキャラクターだと思いました。

——第7話以降の「ドミナン」でのシーンや最終話の結婚式のシーンなど、みんなと一緒にお芝居をしましたがいかがでしたか？

それまで基本、ひよたんと2人のシーンばかりだったので、みんなと一緒ですごく嬉しかったです。そして初めてほかのメンバーのコたちがお芝居をしているところを見て、勉強になりました。なんか自分の中の気持ちのスイッチが入った瞬間でもあって。あと、同じ櫻坂46の2人がいたんですが、グループでは絶対に見せない顔になっていて、ちゃんと役になっているんだと感動しました。

——誰の演技が印象に残っていますか？

琴音ちゃんが後ろから刺されたのを見た叶音ちゃんが「お姉ちゃん」と叫ぶシーンがあるんですが、叶音ちゃんを演じた早川聖来ちゃんが「お姉ちゃん」というひとつの言葉だけでそのときの感情を表現していて……。ものすごく感情が入っていて、見入ってしまいました。

——今回は本当にお芝居についていろいろ考えさせられた現場だったんですね。演技について誰かに相談されましたか？

私、けっこう考えすぎるタイプなんです。それがお芝居にも出ちゃって、つい硬くなっちゃうんです。なので、監督にも「もっとシンプルに」と言われたりしていたんですが、シンプルって簡単そうなのに難しくって。シンプルにと思えば思うほど、余計なことを考えてしまったりしていました。そんなときに相談していたのは監督です。難しく感じていることを話して、相談に乗っていただいて……。そんな監督からクランクアップのときに「もっと演技をしている姿を見てみたい」という言葉をいただいたことは忘れられないです。またご一緒できるように成長していきたいと思いました。

——お芝居にも興味が出てきたんですね。

そうですね。『ボーダレス』の話をいただいたとき、お芝居に苦手意識があったんですが、自分の中での経験のひとつになればと思い、やらせていただいたんです。そしたら悩みながらではありましたが、すごく楽しくて。自分の気持ちややり方次第で、お芝居は楽しくなるしおもしろくなると発見できました。あと、違うグループのコと一緒だったからこそ、たくさん成長できた気がしました。これからもこの経験を生かして、いろいろなことに挑戦したいです。

芭留を演じて、家族っていいなと思いました

芭留ちゃんへ

約2ヶ月、芭留ちゃんを演じることができて
とても幸せでした。
優しくて強くて包容力がある温かい芭留ちゃんの
ような人になれるようにこれからも頑張ります！
楽しい時間をありがとう。おつかれさまでした :)

理佐

わたなべりさ　1998年7月27日生まれ
茨城県出身　O型　T 167　欅坂46 一期生

Interview

濱岸ひより

八辻 圭

最後のシーンは、すべてを
出し切って演じました

理佐さんがいたから乗り切れたと思っています

——クランクアップで泣いていたのが印象的でした。

そうなんです。終わっちゃうんだなと思ったら寂しくなって。スタッフさんとも理佐さんとも離れるのが悲しくなっちゃって。最初はこんなに楽しい現場になるなんて想像もしていなかったです。

——最初はどんな感じだったのですか？

私たちは森のシーンの撮影からスタートしたので、ひたすら寒くてつらかったです。でもそんななか、理佐さんが話しかけてくださって。チョコをいっぱいくれて2人でひたすら食べていました。もう食べてないと凍え死んじゃうって感じだったので（笑）。理佐さんの優しさは本当にありがたかったです。

——自然を感じる余裕はなかったんですね。

まったくなかったです。もう寒すぎて。パジャマのままで山荘を飛び出したという設定なので、かなり薄着で靴も履いていなかったし……。途中からめちゃくちゃ足がかじかんで、感覚がなくなってしまいました。じつは衣装の下はカイロだらけだったんです。何十枚も貼っていて、もうカイロ人間みたいな感じ（笑）。撮影が終わったらカイロを剝がすのが大変だったのがいちばんの思い出です。

——そんなつらい現場を支えてくれたのが渡邉さんだったんですね。

本当に。寒さのおかげで、さらに絆は深まったと思います。本当に素敵な方で。あんなお姉ちゃんが欲しいと思いました。

——渡邉さんのそばで演技を見ていて、勉強になった部分もたくさんありましたか？

憑依型というんですかね。切り替えの早さがすごいと思いました。そしてまねしたいと思ったけど、できないと感じました。

——濱岸さんは現場ではどのような感じで演技をされていたんですか？

私は10分ほど集中しないと感情が作れないんです。涙を流すシーンなんて本当に気持ちを入れないとダメで。だから理佐さんって本当にすごいと思います。

——濱岸さんといえばゲラで有名ですが。

それも大変でした。気持ちの切り替えがなかなかできなくって……。森田さんと京子さんとの4人のシーンなんて、理佐さん以外はみんなゲラだから本当に申し訳なかったです。まあ、あのときは理佐さんも引っ張られて笑っていましたけど（笑）。

——楽しい現場だったんですね。

はい！　めちゃくちゃ楽しかったです。皆さんすごく優しくて。桑島監督には、毎回カツを入れられていました。

——どんなことを言われていたのですか？

「笑ったら今日は帰れないよ」的な感じで。でもそれ込みで笑っていました（笑）。

——演じるうえで、緊張はありましたか？

演技に対して苦手意識があったので、ずっと不安でした。このドラマに選ばれたときも、何かの間違いかな？　と思ったくらいで。場違いですよね、ってずっと思っていました。でも選ばれたからにはきちんと演じたいという思いもありました。それができたかどうかはわからないんですが……。

——でも最後に桑島監督から「いちばん成長した」と言われていましたよね。

あれは、最初がひどすぎたっていう意味だと思っています。でもそれでも嬉しくって泣いちゃいましたが。桑島監督とは、細かいことはあまり話せていなかったんです。NGでやり直すときは言ってくれるんですが、OKのときは何も言ってもらえなくて。なので、OKが出ても勝手に「妥協してOKをくれているのかな？　大丈夫かな？」と思ってしまい、ずっと不安だらけでした。だから最後の最後に褒めていただけたときは本当に嬉しかったです。ちなみにあまりにも不安で、一緒のシーンがあったときに宮川一朗太さんに相談しました。そしたら「正解はないし、自分の思うままにやって大丈夫だよ」と言ってくださって。この言葉と、お父さん役の濱津隆之さんが言ってくださった「まわりのことは気にせずに、自分の好きなようにやったらいいよ」という言葉は私の心に残っています。

——素敵な先輩方ですね。演技をしてみて、お芝居の楽しさがわかった感じですか？

そうなんですかね。実際にそう思ったのは後半の第9話のアクションをするところからぐらいですが（笑）。でも、お芝居をしていて楽しいという感情があることに、すごくびっくりしました。自分ではない誰かになれるとか、物語に入り込むことでいろんなことを知ったり、体験できるとか……。そんな楽しさがあるんです。とくに今回は新しい挑戦がたくさんあったので、よけいそう思ったのかもしれないです。

——今回、圭はどういう人物だと思って演じましたか？

すごく優しくて家族思いのコだと思いました。自分とは真逆です（笑）。

——でも、第6話のメイキング映像にも映っていましたが、芭留が熱で倒れるシーンで涙していましたよね。あれを観て、濱岸さんも優しいと思った人は多いと思います。

あのシーンは芭留がかわいそうすぎるなって思ったら、涙が止まらなくなって……。いちばん苦労しているのは芭留ですから。でも、あれは誰でも泣いちゃうと思います。

——あのときの涙は、濱岸ひよりと八辻圭、どちらの感情だったんですか？

自分ではわからないんですが、芭留がずっと圭のことを心配してくれて、「絶対に危険にさらしたくない」と思っているのにこんな状況になっていて……。第4話なんて、「私が支える」と言っている妹に包丁を持たせてしまって芭留は葛藤しているん

です。そんな姿を見ているといろんな感情が入り交じりました。なので、どっちの目線の気持ちでもあると思います。

——第9話で芭留からの卒業を告げるシーンは、印象的でした。

今までお姉ちゃんにずっと支えてきてもらって、お姉ちゃんのいろんな犠牲のもとに生きてきたことを圭はちゃんとわかっていたんです。それで「でも、私はそれも卒業したいと思っている。私の人生を生きたい」と言ったんだと思います。寂しいけれど、お姉ちゃんのことを思って卒業するという……。あのセリフを言ったときは、私の気持ちは圭そのものになっていました。このシーンはラストだったので、私の持っているすべてを出し切って演じました。いい感じで皆さんの目に映っていると嬉しいです。

アクションシーンを終えたとき お芝居が楽しいと思いました

——演技に対して苦手意識があったとのことですが、出演が決まってから誰かに相談はしましたか？

演技のお仕事が多い、同じ（日向坂46の）メンバーの渡邉美穂に相談しました。台本の覚え方とかを聞きました。で、教えてくれたのが、「とにかく読むしかないから、お風呂に入るときも寝るときも常に台本を持ち歩くのがいい」ということで、それを実践しました。もうずっと台本と一緒でした。

——今回は視力が弱い役ということもまた難しかったのかな？　と思うのですが。

目に光が入っていない感じにするのが難しかったです。どうしても黒目が動いてしまいがちになるので、そこは気をつけて。あと、瞬きも限りなく少なくしました。黒目を動かさないコツは、遠くを見るという感じです。焦点が合っていないふうに見せるというか。これは資料とかを見て、参考にさせていただきました。

——今回はアクションにも挑戦しましたね。

空手はすごく難しいと思いました。型ひとつですごく差が出るというか。先生に教わったのですが、同じポーズなのに全然カッコよさが違うんです。奥が深いです。

——正座にも苦労していましたね（笑）。

そうなんです。これまで正座なんて何度もしているし、どちらかといえば得意だと思っていたんですが、親指の位置の正解がわからなくなってしまってけっこう焦りました（笑）。あと重心をかける位置が前なのか後ろなのか……。これまで意識していなかったんですが、あらためて考えるとわからないことだらけでした。

——アクションシーンはかなり練習をしたんですよね。

アクションはカメラにどう映るかがすごく大事なので、監督と確認しながら練習して……。ただ、第9話の「ドミナン」でのシーンはけっこうやり直しになってしまいました。パンチとかもこれまでやったことがないので、拳の位置が正しい感じにならなくって……。アクションはある程度一連の動きが必要なのでかなり細かいんです。何十回も撮り直しました。もう本当に皆さんに申し訳なかったです。

——ほかの出演メンバーからは何か声をかけられましたか？

京子さんが笑顔でファイティングポーズをしてくれて……。それを見たら元気が出ました。もう「京子さーーーーん」って。それまではできなさすぎて泣きそうだったんですけど、一気に頑張れました。

——お気に入りのシーンを教えてください。

麻耶さんを倒してから「楽勝！」と笑うところです。これまで圭はあまり笑顔を見せていなかったんですが、ここで一気にはじけるというか。なのでぜひ観ていただきたいです。あと意外と必見なのは、暗いシーンが多い八辻家が唯一明るくご飯を食べている第2話のシーンです。本当にこの瞬間だけの雰囲気なので目に焼きつけてください。

——最後に、ドラマをご覧になって自分の演技についてどう思ったか教えてください。

なんだかへんな気持ちになりました。複雑というか。正解がわからないんですが、うまくなりたいと思いました。そしてもうちょっとでもいいので、自分の演技に自信を持てるようになりたいです！

はまぎしひより　2002年9月28日生まれ
福岡県出身　A型　T167　日向坂46 二期生

演技に自信を持てるようになりたい

ボーダレス対談　渡邉理佐×濱岸ひより

シリアスなシーンでも笑い声が絶えない現場

――撮影現場では姉妹のようだったとのことですが、最初の印象はどうでしたか？

渡邉　ひよたんとは欅坂46のときに少しだけ一緒に活動したくらいで、あとは歌番組でたまに会うくらい。そんなに話したことがなくて最初は緊張していたのですが、本当にいいコで。2人きりのシーンが多かったので、撮影が進むにつれてどんどん距離が縮まっていきました。

濱岸　私なんて最初は緊張しすぎで、ひと言も話せなかったんですよ。でも理佐さんが優しくしてくれて……。今ではなんでも言えちゃうくらい仲よくなりました。

渡邉　〝りさっち〟って呼ぶくらいにね(笑)。

濱岸　それは、監督さんが〝りさっち〟と呼んでいたので、ふざけるときにちょっと呼ぶくらいですよ(笑)。でもここまで仲よくなれるとは思ってもみなかったです。

渡邉　妹ができた感覚に近いかも。私、兄しかいないので妹がいる感覚ってどうなのかな？　と思ったけど、たわいのない話をしたりするのがすごく楽しい。スタッフさんとかにも、本当の姉妹みたいだねと言われたりして、すごく嬉しかったです。本当の妹になってほしいと思っちゃった。

濱岸　私、実際に姉がいて、すごく仲がいいんですが、とても関係が似ている気がします。クランクアップして、今みたいに会えなくなるのは寂しすぎます。

渡邉　大丈夫だよ。この関係性は変わらないって。歌番組とかで一緒になったときもいっぱい話せたらいいなと思っているよ。

――現場はどのような雰囲気でしたか？

渡邉　森の中の撮影は本当に寒くて過酷だったんですが、休憩中などはけっこう和やかだった気がします。撮影中とか急にひよたんが笑いだして、それに笑っちゃうみたいなことがありましたね。ひよたんがゲラだったので、すごく明るく撮影できました。私もツボに入ったらなかなか抜け出せないタイプなので、気持ちはわかるんですよ。

濱岸　ゲラを発生させておいて人のせいにするのはちょっと申し訳ないのですが、理佐さんのせいでもあるんですよ。なんかすごく笑わせてくださるので、それがツボっちゃって(笑)。森の中の笑ってはいけないシーンでも吹き出しちゃいました。

渡邉　静男さんと出会うシーンの撮影のときは、なんか本当におかしかった。私たち、ずーっと笑っていたもんね。

濱岸　すごく楽しかったです。そしてどんなに朝が早くても理佐さんが現場に入れば一気にテンションが上がっていたような気がします。空気が変わるっていうか……、気持ちが明るくなるんです。

渡邉　それはひよたんも同じじゃない？　私もひよたんから元気をもらっていたから。ひよたんは、スタッフさんとの距離の縮め方や私に対する接し方など、いい意味でフランクで、気を遣いすぎないのがいいんです。でもその奥にはちゃんとリスペクトする気持ちが見えて……。その割合が絶妙で素晴らしいって思いました。あと、さすが日向ちゃんだなと思うのが、そういうなかにも守りたくなるようなかわいらしさがたくさんあって。私も愛おしいと思う瞬間がたくさんあって、癒やされたんだよね。

濱岸　まさかの癒やし！　嬉しいです。

――追っ手から逃げるシリアスなシーンなども多くありましたが、気持ちの切り替えはどのようにされていたのですか？

濱岸　監督さんから「笑わないでね」って何度も注意されたりして、難しかったです。でも、演技をするときはだいたい、理佐さんと手をつないでいたので、それで気持ちが切り替わったり、一人じゃないと安心できたりしました。

渡邉　そうだよね。手をつないでいないほうが逆に珍しいくらい。でもその手のつなぎ方で、力が入っているとかリラックスしているとか、わかり合っていたような気もします。芭留と圭も同じように、手をつないでいるからこそお互いが思っていたことを理解していたのかもしれないですね。

――お互いの演技でここがすごいなと思ったところはありますか？

渡邉　圭は視力が弱いので、瞬きはそんなにしないし、視線も全然合わないんですよ。そんな難しい役なのに、ひよたんの目線の使い方が上手で、リアルすぎて驚きました。

濱岸　そんなふうに思ってくださっているなんて！　すごく嬉しい。理佐さんは、本番直前までは一緒にゲラゲラ笑っているんですが、スタートした瞬間に、急に芭留になって涙を流したりするんです。で、カットがかかったらいつもの理佐さんに戻って……。そのスイッチの切り替えが本当にすごいと思いました。どうやって気持ちを高めているのか、すごく気になりました。現場でも楽しませてくれるし、演技も上手で、本当にすごい人だなとあらためて思いました。

渡邉　そう言ってくれるのは嬉しいな。また一緒に何かをやりたいね。

――思い出のシーンを教えてください。

渡邉　第9話で私たち姉妹とお父さんがお互いに思っていることを言い合って、吹っ切れるシーンは特に好きです。たくさんつらい思いをしてきて苦労してきた3人だからこそ、「よし！　また支え合って歩いていこう」と思える感じがジーンときて。

濱岸　圭は今までお姉ちゃんに支えてもらってきたから、そこからの卒業という感じで、私もそのシーンはすごく印象に残っています。お姉ちゃんを解放してあげるのは圭の挑戦でもある気がして。すべてを出し切って演じました。

渡邉　一生懸命だったので、いいシーンになっているはず。皆さんも何度も観て、お気に入りのシーンを見つけてほしいです。

現場に理佐さんがいると明るくなるんです

本当の妹になってほしいと思いました

市原叶音

早川聖来（乃木坂46）

音楽の道を諦めた姉と
そんな姉に反発する妹

市原琴音

小林由依（櫻坂46）

Interview

小林由依

市原琴音

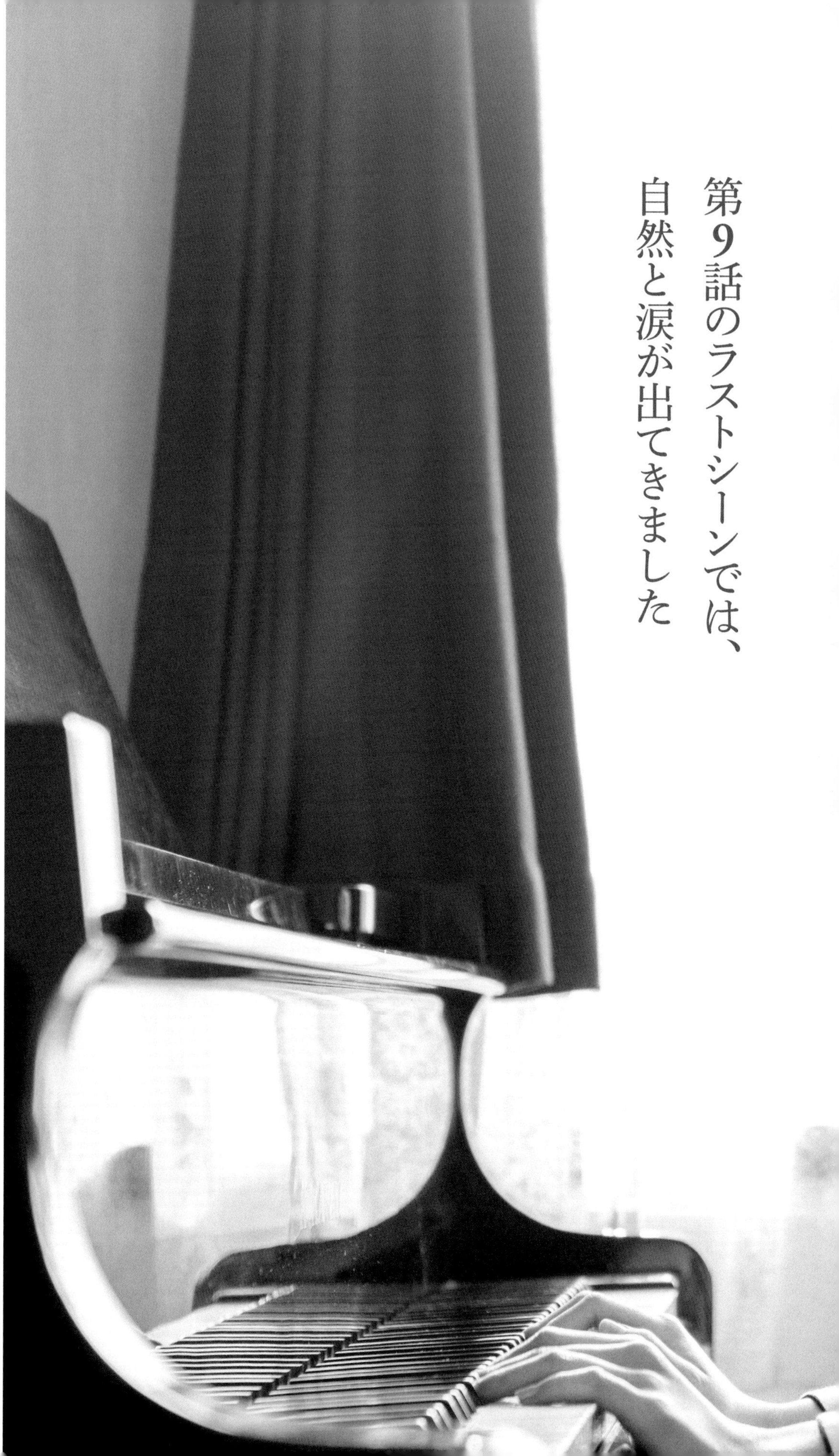

第9話のラストシーンでは、
自然と涙が出てきました

監督に相談しながら琴音を作っていきました

――最初に「3坂道」合同のドラマが制作されると聞いて、どう感じましたか？

ほかのグループと一緒に何かをすることがこれまでほとんどなかったので、すごく新鮮でおもしろそうと思いました。やっぱり自分たちのグループにいるだけだと気づかないことってあるような気がしていたので。実際にスタートしてみると、吸収できることが多く、すごく勉強になりました。それぞれの現場での居方が違ったり、発見も多かったです。あと話をして意外に思ったのは、自分たちのグループだけだと思っていたグループあるあるが一緒だったり、一歩外に出てみるとそんなに特別なことではなかったんだと感じることもあって。いろんなことを知れた数カ月になりました。

――早川さんとはほぼ初対面でしたよね。

そうなんです。でも聖来ちゃんは人懐っこくて愛らしいコなので、自然と私がお姉ちゃんになれました。〝妹力〟が高いなって感じました。

――どこでそう感じたのですか？

素直なんです。そして現場でもずっと笑顔でいて。その場にいる人が聖来ちゃんのかわいい笑顔にやられている感じが伝わって、いいなって思いました（笑）。私はどちらかといえば落ち着いているタイプなので、真逆で。あと話すきっかけになったのが、聖来ちゃんが〝ふかし芋〟をくれたことだったんですが、まさかお芋を現場でくれるなんて思っていなくて（笑）。その行動だけで、おもしろくていいコだとすぐにわかりました。お芋は嬉しかったです。

――今回、一緒にお芝居をするのが早川さんでよかったという感じですね。

ほかの方と姉妹役をやっていないのでなんともいえないですが、叶音は聖来ちゃんで本当によかったと思いますし、彼女だったから自然と私も琴音になれたのだと思います。ちなみに聖来ちゃんは、演技の土台がしっかりしていて、本当に素晴らしいお芝居をするんです。いつもは明るくておしゃべりなところもあるんですが、お芝居に関してはいつも真剣で。シリアスなシーンのときは一人で集中して役に没頭していて、彼女が多くの人に愛される理由がわかった気がしました。

――市原家といえば、宮川一朗太さんも現場のムードメーカーでしたね。

温かく見守ってくださいました。ちょっと私が演技で苦戦しているときがあったのですが、そういうときは優しく声をかけてくださって……。本当に温かかったです。あとさすがだと思ったのは、監督さんからの要望を一瞬で演技に反映できるところ。プロだから当たり前なのかもしれないですが、やっぱり「宮川さんってすごいんだ」と思いました。

――小林さんが演じた琴音はどういう人物だと思って役作りをしましたか？

琴音は、誰と話すにしてもその人に合わせて会話するコなんです。それこそ叶音と話すときは気を遣っているし、お父さんと話すときも無理に明るく話していたりする。だから、琴音のベースはどこにあって、どういうテンションを保っておけばいいかがつかめず、難しかったです。とくに第7話の、逃亡者パートの芭留ちゃんと圭ちゃんと話すシーンでは、まったくの他人と話すときの琴音はどんな感じなんだろう？ と、頭の中がごちゃっとなってしまいました。そこまでは基本、琴音は家族や和志としか話をしていなかったので。

――その悩みはどうやって解消したのですか？

監督ですね。最初に、第1話から第3話を撮ってくださった金井監督から「自分一人でいるとき、家族といるとき、他人といるときの琴音のテンションに落差をつけたほうがいいので、誰かといるときはもっと空元気っぽく、明るいほうがいいんじゃない？」というアドバイスをいただき、琴音のベースを一緒に作りました。そして演じていたら、その〝まったくの他人といるときの琴音〟がよくわからなくなってしまって……。どんどん不安が大きくなっていっ

たのですが、第7話を撮ってくださった桑島監督から「あまり深く考えずにフラットにやってみたら」と声をかけていただき、その言葉を聞いてすごく楽になりました。

――監督が力になってくれたんですね。

今回は3人の監督がいて、本当に現場では細かい動きなどを含めて相談させてもらいました。そして嬉しかったのは、姉妹がギクシャクしていた第6話などを撮ってくださった松田（祐輔）監督から、すべての撮影が終わったときに「姉妹がこの2人でよかった」という言葉をいただいて。いろいろ悩んだりしましたが、その言葉を聞けて本当に嬉しかったです。

――原作の琴音は小林さんをイメージして書かれたとのことですが、自分と似ているところはありましたか？

似ているというか、まわりに対して気を遣う部分や、妹の才能を見て自信をなくしてしまうところは、わかると思いました。まぁ自分に対して自信がないのは、誰もが持っている感情ではありますが。それ以外にも自分と重なる部分はあったので、自分を変えて琴音を演じるのではなく、琴音に寄り添ってお芝居をすることができました。すごくありがたかったです。

回を重ねるごとに琴音になっていきました

――印象に残っているシーンを教えてください。

本当にいっぱいあるんですよね。ほんの一瞬なんですが、第9話のラストの、退院してきた琴音と付き添いの叶音のことをお父さんたちが迎えてくれるシーンは好きです。本来の市原家の姿が見られた気がして。ただこれ、じつは撮影の順番もあって、まだ叶音とギクシャクしているシーンを撮影しているときに撮ったんです。さっきまであんなに喧嘩していたのに、今はこんなに和気あいあいとしたシーンなんだと考えるとおもしろくなっちゃって。どっちが本当の姿なんだろうって心の中で思いながら演じていました（笑）。心の動きが複雑な市原家ならではの戸惑いです。

――ドラマならではですね。第9話の病院での涙のシーンも感動的でした。

あのときはテストもなく、たった3回しか撮らないと言われていたので、やらなきゃ！　という気持ちで演じていたら、全部ここで出し切ろうという気持ちと、自然と感情が入っていきました。なので、あの涙は自然と出てきました。

――涙といえば、第3話でも写真を見ながら泣いていましたね。

あのシーンも大変で。じつはまだ市原家の誰とも会ったことがないときに撮影したんですよ。なので、会ったことのない家族を想像して泣いて（笑）。病院のシーンは、これまでの叶音やお父さんとのことを思い出して泣けたので、同じ涙でも全然違うんです。やっぱり感情移入するのには、過程を知っていることが大事だと思いました。

――回を重ねるごとに琴音になっていったんですね。琴音のことを好きになっていきましたか？

そうですね。叶音からいろんなことを言われても、叶音のために言葉をかけたり、優しさや気にかけることを忘れない琴音は、本当に素敵な人だと思いました。

――最終話では結婚式のシーンもありましたね。

じつは私、プライベートでも結婚式に参加したことがなく、結婚式自体が初めてだったんです。まさか初めてが自分の役のものになるなんて想像もしていなかったし、いろんな体験ができるんだと楽しくなりました。あと、制服を着て高校生にもなりましたから。でもあれはちょっとショックだったんです。だって髪型がおさげで。勝手に自分は若いと思っていたのですが、もうおさげにしないと高校生に見えないんだと知って（笑）。なんかモヤッとした気持ちになりました。

――そんないろんな姿も楽しめますが、実際にご覧になった感想を教えてください。

やっぱり自分のお芝居は反省点ばっかり見えちゃうんで、あまり考えないようにしています。でもほかのチームの物語は、原作とはまた違うドラマならではの展開もあって、普通に視聴者として楽しんでいます。とくに印象に残ったのは、ひよりちゃんの声。なにげないシーンでも、声から出る明るさがあったり、発する言葉で安心できる部分があるんです。きっと今回の坂道グループのメンバーが吐息交じりというか、はっきりとした声で話す人が少なかったからかもしれないんですが。それくらいひよりちゃんのよく通る声はいいし、役にも合っていると思いました。そして視力が弱い役の演技も本当に上手でした。

――刺激を受けたんですね。お芝居への思いは変化しましたか？

お芝居はこれからも続けたいと思っていたので、その気持ちは変わらないです。琴音を演じて、自分の感情に揺り動かされながらも成長していく役をまた演じたいと思いました。感情を動かす演技は難しいところもありますが、やりがいも感じたので。ぜひ挑戦したいです。

――仲よくなった早川さんと別々になるのは寂しいですね。

撮影が終わってからずっとロスが続いている状態です（笑）。ほかのグループのメンバーとこんなに仲よくなれるなんて、想像もしていなかったです。じつは、聖来ちゃんだけクランクアップが一人だったので、急遽現場にお邪魔したんです。そこでこれまでのお礼と、また一緒にやりたいという思いを伝えたんですが、すごく喜んでくれて。またどこかの現場で会いたいです。

撮影が終わって、ずっとロスが続いています

琴音へ
いつも明るく振る舞って
抱えているものを見せないようにしていたね。
演じているこちらは琴音が背負ってしまっているものが
苦しくて、切なくて、笑顔でいるのが大変だったよ〜
でも、そんな優しい琴音が私は大好きです。
この期間、琴音として居られてとても幸せでした。
ありがとう！　叶音と仲良くね
由依

こばやしゆい　1999年10月23日生まれ
埼玉県出身　A型　T 161　欅坂46 一期生

市原家は、いつの間にか
本当の家族になっていました

Interview

早川聖来

市原叶音

セリフの奥にある感情を想像するのが難しかった

――これまで舞台は経験されていましたが、映像作品は2作めだったんですよね。

そうなんです。映像のお芝居にもまた挑戦したいと思っていたので、この企画を聞いたときは素直に嬉しかったです。舞台は体を使ってどれだけ大きく見せられるかが大切なんですが、映像での演技は本当に細かくて驚きました。目線や口角の動きだったり、手のちょっとした仕草だったり、より細かく表現する必要があったので、最初は心配も多かったです。

――とくに叶音は、繊細な表現力を必要とする難しい役でしたね。

叶音は言っていることとやっていることがけっこうコロコロ変わっていくコで。最初はツンケンしているだけだったんですけど、そこにもちゃんと理由があって……。お姉ちゃんのことを嫌っているように見えるけれど本当は好きで、ピアノに関しても本当は好きなのに興味ないと言ったりと、台本を読んでいるだけだと正解がわからなくなってくるんです。第3話では、お姉ちゃんが音大受験に失敗したのを見て自分もピアノをやめたと言って、第6話では、お姉ちゃんの恋人である和志さんのことが好きだから恋心を閉ざすためにピアノをやめると言っている。どっちも事実だろうけど、本当は何？　と思いながら演じていました。でも最終的に感じたのは、自分も悩んだときは相手やテンションによって言うことが変わったりしているかも……ということで。だから、いろんなことを言っているけど、すべて叶音の感情であって、すべて正解なんです。それを受け入れるまでにけっこう時間がかかりました。

――その時々で感情が揺れ動き、思い悩んだり、それを声に出したり……。叶音はすごく人間らしい女のコですね。

そうなんです。なので台本に書かれている表面だけでなく、その奥を考えて演じることが大事で。金井監督にも「楽しいと言っているから楽しそうな表情をするのではなく、楽しそうな顔をしているのにどこか苦しそうとか、いろんな感情が交じっているほうが人間らしさが出て、より深く見えるよ」とアドバイスをいただいたんですが、本当にそうで。同じ感情が100の人なんていないんです。それを理解したときにすごく深いと思い、意識しながら演じるようになりました。和志さんに声をかけられたときは嬉しいんだけど、ちょっと苦しかったり悲しかったりという表情をするなど、複雑な感じにしていました。

――表現するのは難しくなかったですか？

難しかったです。顔が映るときは口角や目の力だったりで表現しました。でも、顔が映っていないシーンでは、それをやっても意味がないので、どれくらいのニュアンスでやればいいのかを含めて、いろいろ考えさせられました。

――では、かなり台本を読み込んで撮影に臨んでいたんですね。

家でも時間があるときは読んでいました。でも、ほかのパートのところはさらっと読むだけにしました。自分たちのパートだけを生きているという感覚があったので、合流したときに知りすぎていると、リアクションとかもわからなくなるなと思いました。あくまでも、私は叶音なので。だから映像を見たときはこんな感じだったんだと、すごくおもしろかったです。

――ドラマをご覧になって、ご自身の演技をどう思われましたか？

本当は恥ずかしいからあまり見たくなかったんです。でも見ないと成長できないというのもすごくわかっていて。怖がりながら見たんですが、やっぱり悔しいというか、やり直したいと思うところはけっこうありました。数カ月の間ではあったんですが、きっと少しは成長したんだと思います。だから今の私が見ても、とくに前半はもうちょっとできたんじゃないかな？　と思ったりするんだと思います。まぁこれは今の私ができることとしてとらえるしかないんですけど。きっと今後も、常に同じようなことを考えているような気もします。

――ガールズバーでのシーンは、家にいるときとはまったく違う雰囲気でした。

本当ですか？　ありがとうございます。ガールズバーのシーンは、オンとオフを意識して演じたんです。やっぱり働いているのでちょっとよそ行きの愛想のいい感じを出して。逆に家族とのシーンは、末っ子らしい、自分の感情を優先するちょっとわがままな感じにしています。

――末っ子感はすぐにつかめましたか？

私も末っ子なのですごくわかりました。昔から外ではちゃんとするけど、家ではけっこう甘えたりわがままなことを言ったりしちゃうので（笑）。叶音がああいうふうにそのときの感情をぶつけてしまうのは、家族だからなんですよね。

――叶音と自分は近いと感じましたか？

どうなんだろう。私自身は、黙って気持ちを引っ込めるということはそんなにしてこなかったです。叶音は機嫌が悪いとよく黙り込みますが、私はそういう部分があまりなく。基本、母親と仲がいいので、なんでも話してしまいます。これを言ったらお母さんが戸惑うかもってことも何も考えずに（笑）。なので、黙って不機嫌さだけを伝えるということはしないですし、あれは叶音の甘えのように感じていました。

小林さんの人柄と演技力ですぐに姉妹になれました

――琴音を演じた小林由依さんと一緒のシ

ーンが多かったですが、いかがでしたか？

自然と私にとってのお姉ちゃんという感覚になりました。もう途中から本当に錯覚するくらい（笑）。こんなに好きになれたのは、もちろん小林さんの優しい人柄や人間性もあるんですが、それ以上にお姉ちゃんとしての演技が素晴らしかったので、感情移入できたんだと思います。

――現場でも仲がよかったと聞きました。

本当にありがたいことに、仲よくしていただいて……。撮影が終わってから聞いたのですが、じつは小林さんはあまり自分から話しかけるタイプじゃないみたいなんです。でも私がけっこうおしゃべりでグイグイいくので、バランスがよかったみたいです。相性がよかったんですかね。

――初めて話したときのことを覚えていますか？

初めてのシーンのときは挨拶程度だったんですが、次のシーンあたりで私が〝ふかし芋〟をお渡ししてから雰囲気が変わりました。あのときの私は余計なものを渡しちゃったかもとドキドキしていたんですけど、意外なほど喜んでくださって。そこから距離が縮まった感じです。けっこう話しかけてくださるようになり、私も話しかけて大丈夫なんだとわかってからは、撮影の合間に演技についてやグループのこととかを話すようになりました。そしていつの間にかナチュラルに〝お姉ちゃん〟と呼ぶようになっていました（笑）。

――市原家はお父さん役の宮川一朗太さんをはじめ、すごく家族っぽかったですね。

「関係性をきちんと築かないとナチュラルなお芝居はできない」と以前にアドバイスをいただいたことがあるので、最初のほうは極力、コミュニケーションを取るようにしていました。そうしていたら普通にみんなと話すようになって、いつの間にか家族になっていました。それはやはり中心にいた宮川さんの人柄もあったと思います。私たちのことを本当に「娘たち」と呼んでくださっていたので。

――宮川さんから演技のアドバイスはありましたか？

アドバイスというより自信をつけさせてくださいました。「2人ともそのままで大丈夫、自信を持って」と。だからのびのびと演技ができました。この宮川さんの現場の空気の作り方は本当にすごいと思いました。私もいずれ、そういうことができる人間になりたいです。

――今回は「3坂道」合同でしたが、ほかのグループのメンバーと共演すると聞いたときはどのような気持ちでしたか？

ワクワクよりも不安が大きかったです。そして蓋を開けてみると、唯一の乃木坂46のメンバーのさくちゃん（遠藤さくら）とは一緒のシーンが全然なくって。事前番組に出演したときも、乃木坂46は私一人だったんです。それも一番の若手なので、どうしようという気持ちでいっぱいでした。でも実際に撮影が始まったら、小林さんや渡邉理佐さんが話しかけてくださって。本当にありがたかったです。

――皆さんの演技をご覧になった感想を教えてください。

やっぱりさくちゃんはすごかったですね。第5話でお父さんからもう麻耶に会っちゃダメと言われたときの切ない表情なんて最高でした。じつは、配信を一緒に観ていたんですよ。さくちゃんは恥ずかしいと私の背中に顔を埋めていたんですが、もう無理やり顔を掴んで「観なさい！」って言ったりして（笑）。表情とか本当にすごいなって思いました。あと、森田ひかるちゃんの自然な演技もすごかったです。お芝居をしている感じがまったくなくて。さすがでした。

――好きなシーンはどこですか？

第9話の病院のシーンです。7分間の長回しで3回しか撮影しなかったんですが、自然と涙が出てきて。いちばん感情が正直になったシーンでした。

――今後もお芝居を続けたいですか？

短い期間でしたが、自分が変わったと思うことも多かったので、今後もいろんな役をやりたいです。経験することでもっと変われるんじゃないかなっていう自分への期待もあります。どんどん挑戦したいです！

はやかわせいら　2000年8月24日生まれ
大阪府出身　A型　T 164　乃木坂46 4期生

この作品で自分が変わった気がします

短い間でしたが
叶音として生きることが
できて 幸せでした。
市原叶音役 早川聖来

ボーダレス対談

小林由依×早川聖来

互いに刺激し合いながら感情をこめて芝居を作り上げた

――ほぼ初対面とのことでしたが……。

小林　そうなんです。本当にはじめましての状態から始まったんです。でも聖来ちゃんがけっこう人懐っこくて、すごくありがたかったです。最初は押され気味だったんですが、すぐにかわいいなって思いました。

早川　勝手な印象なんですが、おとなしいイメージがあったんです。でも話してみたら意外と気さくにしゃべってくださって。たくさん笑うし、いつのころからか、本当のお姉ちゃんのような感じになりました。ちなみに人前では「小林さん」呼びですが、2人きりになったら「お姉ちゃん」って呼んでいます（笑）。

小林　聖来ちゃんが「お姉ちゃん」って話しかけてくれるのは嬉しかった。本当の妹のように思っているよ。

早川　嬉しいです。私の中では完全に姉妹なんです。お姉ちゃんのことが全部好きで、家族みたいに愛おしいと思っています。

小林　私たち、似ているところが多いからね。なんてったって〝不安姉妹〟だから（笑）。

早川　監督さんに言われましたね。お芝居でOKをもらっても「大丈夫かな？」ってすぐ不安になるところが同じで（笑）。

小林　意外とスムーズに進んだりするとよけいに大丈夫かな？　って思っちゃって。聖来ちゃんは演技の土台がしっかりしていてうまいので、そんなに不安になる必要はなかった気もするけど、いつも「大丈夫かな？」ってばかり言っていて。まぁ、似た者姉妹です。

――琴音と叶音は心がすれ違っている姉妹ですが、現場ではどうしていましたか？

早川　最初のほうは、監督さんから「あまり仲よくしないでね」と言われていたんです。やっぱり現場での雰囲気は演技に出ちゃうみたいなので。でも私たち的には「仲よくしたい」って言っていて、結局仲よくなっちゃいました（笑）。今となっては、それがよかったと思います。最初はそこまで気づいていなかったんですが、叶音は本当はすごくお姉ちゃんのことが好きなので。実際に私も小林さんのことを好きという気持ちがないと、その複雑な気持ちは表現できないんじゃないかなと思いました。

小林　監督さんもそうは言いながら、仲よくしてても全然OKになったし、うまく気持ちを伝えることができないからすれ違っちゃう役なので、本当に憎んでいるわけでもないから。現場では、いろんな話をして楽しかったし。

早川　お姉ちゃんが相談にいっぱい乗ってくれたので、すごく安心できました。喧嘩やピアノを弾くシーンもそうですが、撮影での心配事が本当にたくさんあったので、その思いを共有できたのは嬉しかったです。

小林　あと共有といえば寒さだね。私、常にTシャツ1枚くらいのかなりの薄着だったので、体中にカイロを貼ってくれたりして、すごく嬉しかった。

早川　第9話の救急車のシーンなんて、めちゃくちゃ寒かったのもあったけど、ぶわーっと震えてきたときはびっくりしました。「大丈夫だよ、お姉ちゃん。まだ死んじゃダメだよ！」って言いながら映らないところでカイロを握らせて（笑）。

小林　あのときは震えが止まらない自分がおもしろくなっちゃって、さすがに笑っちゃった（笑）。でもいちばん笑っちゃいけない、シリアスなシーンだったので、反省しています。

――演技についてお互いにすごいと感じたところを教えてください。

小林　第9話の病室のシーンでの涙です。聖来ちゃんが涙を流していたのを見て、私も役に感情移入できたというか。いつもは人懐っこくていろんな人とお話をしているけど、真剣なシーンの前は一人で集中して感情を作っているのはさすがだなって。

早川　お姉ちゃんは演技そのものがすごく上手で、演技だとわかっているんだけど、琴音に言われている気になりました。とくに喧嘩みたいな感情をぶつけるシーンでは、琴音として思いきりきてくれるので、私も完全に叶音になって応戦して。感情を高めて引っ張ってくださったのはさすがでした。いい相乗効果が生まれたと思いました。

小林　それは同じだよ。私も泣くシーンとかあっても、それは叶音の言動に影響されて泣いたりしているから、聖来ちゃんのお芝居がなかったら成り立たなかった。私の演技を引き出してくれたのは聖来ちゃんだよ。

早川　ありがたいです。今回はすごく勉強になったし、本当にお姉ちゃんと一緒の市原家でよかったと思いました。

小林　それは私も一緒。市原家は本当に温かい、いい家族だったなと思います。

――印象に残っているシーンは？

小林　やっぱり第6話で初めてお互いの感情をぶつけ合うところかな。お互いに刺激し合って、すごく楽しくお芝居できた気がする。あれはよかったな。

早川　いっぱいあるんですけど、第1話で、サンドイッチを持ってきたお姉ちゃんに対して「……何？」と言うシーンは、違う意味で印象に残っているというか……。冷たいなりにも愛があるふうに演じられたらよかったと思うのですが、あのころは、心も表情も行動もすべて冷たい演技をしているんです。今思うと、もうちょっと優しさをこめて演じられたら、叶音の心の奥を表現できたのかも。まだまだ勉強ですね。

小林　台本に「……」が多かったから、バリエーションを考えるのが大変だったよね。でもだからこそいい演技ができた気がする。いつかまた一緒にお芝居したいね。

早川　私もまたご一緒したいです。今回は本当にいい経験をさせていただきました。

演技を引き出してくれたのは聖来ちゃん
お姉ちゃんにはお芝居について相談しました

年上の女性に
熱い思慕を抱く少女

松宮結樹

遠藤さくら（乃木坂46）

Interview

遠藤さくら

松宮結樹

目線や目の強さを意識して結樹を演じました

台本を読んで感じた思いを そのまま表現しました

――物語の謎の部分を引っ張っていく役どころでしたが、台本を読んだときの感想を教えてください。

結樹はセリフこそ少ないのですが、そのぶん、表情で感情を伝えたり、泣くシーンも多かったので、自分にできるかどうか不安でした。でも物語はすごくおもしろかったです。第1話の冒頭に血まみれで登場してから、なかなか出演がなく、第5話でどんどん結樹を取り巻く環境が明かされていくのですが、視聴者の方を引きつけようとかはあまり考えずに、台本に書かれたことを想像して演じました。

――どのようにして結樹という役を作っていったのですか？

とくに具体的なことはせずに、台本を読んで結樹を知っていった感じです。ただそれを表現することも、その感じ方も正しかったのかはわからないのですが……。大きなところだと、第5話の前半と、それ以降の麻耶さんを愛してからの結樹は違うんです。最初は現状に対して何も思わず親の言うことを聞くいい子だったのですが、好きな人ができてからどんどん強くなっていく。そんな結樹を、目線や目の強さを意識して演じました。

――結樹の心情を考えると、好きな人と離ればなれにさせられて自由を奪われるというのは、なんともいえないですね。

とくに第10話で描かれた、好きな人を一途に思いながら待っている状況はつらすぎます。でも待つしかないんですよね。もし私が結樹だとしても、麻耶さんのことを待っていると思いました。

――ご自身と結樹で似ている部分はありますか？

性格的には第5話の最初のころの結樹に重なる部分があると思いながら演じていました。私自身、意志をあまり強く出すタイプではなくて。考えていることはもちろんありますが、感情はあまり強く出さないんです。だから第9話とかで結樹が感情的になっているシーンは、気持ちはわからなくもないけれど、それをどう表現すればいいのか、すごく難しいと感じました。

――難しいと感じたときに、誰かに演技について相談しましたか？

監督さんから「自分の思っている以上の演技をしないと見ている人に伝わらないし、感動もさせられないよ」とアドバイスをいただいたので、その言葉を信じて演じていました。それまでは、演技ができているのかな？　と常に不安に思いながらおそるおそる演じていたのですが、それ以降は怖くてもやっちゃえばいい！　と大胆に演じることを心がけました。それ以外にも、監督さんからはけっこう細かくいろいろとアドバイスをいただけてありがたかったです。きっと私がどうしたらいいかわからなくなっているのを酌み取ってくれていたのだと思います。すごく力になりました。

――結樹といえば、やはり第5話での麻耶に口紅を塗ってもらって恋に落ちるシーンが印象的ですが、どのような感情で演技をしていたのですか？

もうめちゃくちゃ緊張してドキドキだったので、その感情のまま演じた感じです。最初は感情を作る余裕もなかったんですが、少しずつ結樹はこういう感情だと考えて、その思いを演技として出すことができました。でもかなり自信がなくて……。ドラマを観てくださった方から、表情がよかったと言われるのですが、私としてはもうありのままの感情で演じただけなので、なんともいえないです。ただ、そう言ってくださることがすごく嬉しいです。

――第10話の麻耶との再会のシーンは、現場にいたスタッフみんなが感動したとのことでしたが。

あれはルウトさんが素晴らしくって。ルウトさんが自然と泣いているのを見て、影響されて涙がこぼれただけで。

――結樹を演じていてとくに難しいと感じたところはどこですか？

本当はすべてです（笑）。でもとくに、歩いたりする日常的な動作は、これまで意

識したことがなかったので、どうすればいいのかと不安な気持ちになりました。そしてなによりも、第5話の会いたいと思いながら走るシーンは、感情をこめて動く難しさを知りました。違和感なく皆さんの目に映っているといいんですが……。

——口数が少ない役だったこともあるかと思いますが、モノローグが多かったのも印象的でした。

モノローグは声だけなので、演技とはまた違ったものだと感じました。結樹の不安や相手を思いやる気持ちなど、声だけで本当に伝わるのかと不安になったりもしましたね。そして演技と変わらずテンションを作って録りましたがあまり決まらず、何度も録り直したりして……。これも監督さんに細かくアドバイスしていただいたおかげでできたのだと思います。

今回の貴重な経験を お芝居で生かしたいです

——今回は、国生さゆりさんや手塚とおるさんというベテラン勢と一緒のシーンが多かったですが、そばで見ていて何か感じるものはありましたか?

毎回勉強でした。私は、何度も演技を重ねてOKをもらうことがほとんどだったのですが、当たり前ですがお2人は一発で完璧な演技をされて。また監督さんとお話をしてそれをすぐに受けて演技をされている姿を見たら、さすがという言葉以外出てこなかったです。あとアドリブもすごく自然で。なんでも完璧にされているところに驚きました。

——お2人から何かアドバイスはありましたか?

いただきました。とくに国生さんとは一緒のシーンが多かったので、「ここはもうちょっとこうじゃない?」と気になるところを教えてくださって。一緒にお芝居ができて本当によかったです。まだ私は自信がないですが、成長する機会を与えていただけたと思いました。

——手塚さんに叩かれるシーンもありましたが……。

リハーサルでは当たらないようにしてくださっていたのですが、本番になるとすごい勢いで(笑)。でも痛くないのはすごいなって。優しかったです。

——手塚さんのリハーサルから本番へのスイッチの切り替えはすごかったのですか?

ガラッと変わりますね。もちろんリハーサルもすごいのですが、本番はそれを超えてくるというか。アドリブで手の仕草や表情を足してこられるので、本当に圧倒されちゃいました。常に、今私は貴重な経験をしているなと思いながら過ごしていました。でも撮影の合間はすごくおもしろいんです。役とのギャップがすごくて。そこも魅力的だと思いました。

——男女両方の役を演じたルウトさんの演技も視聴者を引きつけましたね。

普通、男性と女性の両方の役をやるのって無理があるじゃないですか。それをあそこまで違和感なく演じ分けられるのはすごいし、やっぱり演技がお上手なんだと思いました。そしてあらためて映像で見るとまた引きつけられます。

——ご自身のシーンはいかがでしたか?

お芝居に限らず、自分が出ている映像を見るのはすごく恥ずかしくて、なかなか見られないんですよ。でもそんなときに聖来が一緒に見ようと言ってくれて。もう目を隠しながら見ました。

——早川さんの感想はいかがでしたか?

「めちゃくちゃいいじゃん」って言ってくれました。で、聖来のほうを見ると泣いていて(笑)。その姿を見て、すごく嬉しかったです。ただ、映像を見てしまうとまだまだだと感じる部分も多く、勉強することだらけだと感じました。

——印象に残っているシーンは?

第5話のベッドの中で泣いているシーンです。演じているときはあまりうまくできなかったと思ったのですが、映像を見たらすごく切ない気持ちになりました。あとやっぱりラストカットとなった、第9話のお父さんとのシーン。ずっと大丈夫なのかと不安だったのですが、カットの声がかかったら皆さんの拍手が聞こえてきて。めちゃくちゃ嬉しかったです。本当に頑張ってきてよかったと思えた瞬間でした。

——早川さんを含め、ほかの方の演技はいかがでしたか?

私は聖来の演技がすごく好きなので、今回もいいなと思いました。そして叶音という難しい役をあんなに器用に演じられるのがすごいし、私もいずれはそうなりたいと思いました。アイドルのときとはぐっと印象が変わって、ギャップもすごかったです。あと齊藤京子さんのミステリアス感も見ていておもしろかった。本当にこういう人なのかもと思わせる引き込む力があって(笑)。皆さんすごかったです。

——ほかの坂道メンバーはペアで出演していましたが、うらやましかったですか?

初めはみんなと一緒にお芝居ができる!と思ったのですが、撮影が始まると誰とも会えず(笑)。そして聖来が小林さんとどんどん仲よくなり、最終的に「お姉ちゃん」と呼んでいるのを知ったときはすごくうらやましかったです。最後、ちょっとだけ森田さんと齊藤さんと一緒で、やっと会えたときは嬉しかったです。次回、もし機会があれば、私も誰かとペアになりたいです(笑)。

——今後、どんな役を演じたいですか?

明るい元気な役を演じてみたいですが、私にはまだ演じられなさそう……。でも、今回の齊藤さんのような、ミステリアスな感じの役も気になります。また演技のお仕事をやってみたいです。

また演技のお仕事をしてみたい

結樹へ
いっぱい泣いたね。
私も一緒に強くなっていく気がして嬉しかったよ。
短い間だったけどありがとう！
松宮結樹役　遠藤さくら

えんどうさくら　2001年10月3日生まれ
愛知県出身　血液型不明　T 164　乃木坂46 4期生

Borderless ボーダレス #01

奈緒&希莉の物語

平凡な高校生・奈緒と殺人事件に興味津々の希莉が急接近

芭留&圭の物語

何かから逃げるように、手をつないだまま森をさまよう

琴音&叶音の物語

妹を気にかける姉と、それに反発する妹。すれ違う2人

結樹の物語

雨の中、血まみれで呆然と立ち尽くす少女はいったい……!?

公務員の父と専業主婦の母を持ち、〝何もかもが普通〟の人生を送る高校生の森奈緒。学校で進路希望用紙の提出を促されるが、やりたいことが見つからない。ある日、図書室で法医学や未解決事件の本を手に取るクラスメイト・片山希莉に会う。ミステリアスな彼女を恐れつつも、なぜか気になる奈緒。希莉から「行きたい場所がある」と誘われ、放課後行くことに。

2人が向かった先は、街外れにある廃プール。そこは最近、男性の遺体が発見された殺人事件の現場だった。不穏な場所にもかかわらず、意気揚々と事件の詳細や殺害方法について語り続ける希莉。そんな姿に恐怖を感じた奈緒は、逃げるようにその場を去るのだった。帰宅後、間違えて持ち帰ってしまったと希莉から返された教科書を見た奈緒。そこには血の色の文字で「死ンジャッタネ」と書かれていた。

一方、山の中をひたすらさまよう八辻芭留と圭の姉妹。彼女たちはどこへ向かっているのか？　実家の喫茶店「喫茶　ドミナン」を手伝う市原琴音は、妹の叶音とうまくいかず、先の見えない関係に苦悩していた。そして、雨の中、血まみれで立ち尽くしていた松宮結樹。4つの世界が少しずつ動きだす。

―総合演出・金井紘 第1話 ここだけの話―

徐々に事件に巻き込まれる奈緒の変化に注目

森田ひかるさん演じる平凡な高校生が、自分のあずかり知らないところで殺人事件に巻き込まれていくのが第１話の醍醐味。だんだんと事件に関係していく雰囲気をグラデーションのように見事に演じきってくれたのが印象に残っていて、そこがいちばんの見どころだと思っています。

Borderless ボーダレス #02

奈緒&希莉の物語

希莉の私物におびただしい
数の血の色の脅迫文が!?

こっそり執筆していた小説を
奈緒にだけ見せる希莉

芭留&圭の物語

父が男に暴行される。
その現場から逃れる姉妹

琴音&叶音の物語

内緒で夜の街で働く叶音。
琴音はその理由を知らない

教科書に書かれた不気味な落書きの犯人は希莉で、殺人事件にも関わっているのでは……と疑う奈緒は、紗子とともに希莉の机の中を調べる。そこには殺人の方法など物騒な内容で埋められたノートが。胸に抱えていた疑惑を希莉に問い詰める奈緒と紗子。しかし、希莉こそがその落書きの被害者だということと、じつは小説家志望でノートは執筆のための資料だということがわかる。奈緒は希莉に疑ったことを謝り、希莉から誰にも見せていないという小説を見せてもらう。

そして芭留と圭が山の中をさまようことになった理由も明かされる。空き別荘の管理人をしている父・孝蔵を久しぶりに訪ねた2人は、父が暮らす山荘で過ごした日の夜、物騒な音で目が覚め、恐る恐る音のするリビングを覗くと、そこには黒ずくめの男に後ろ手に縛られ、暴行を受ける父がいた。男に見つかった2人は山の中へと走りだす……。

一方、叶音がピアノをやめ、友人とバンド活動を始めたことを心配する琴音。一緒にピアノを弾いていたころを思い出し、叶音がピアノをやめたのは自分のせいだと自らを責める。そんな思いをよそに、叶音はガールズバーで働いていた。

―総合演出・金井紘 第2話 ここだけの話―

渡邉さんと濱岸さんが本物の姉妹に見えます

渡邉理佐さん演じる芭留が圭に対する深い愛情を表わすシーンはたくさんありますが、渡邉さん自身が濱岸さんを本当の妹のようにかわいがっているのが、カメラを通して伝わってきました。芭留にある母性的な部分をしっかりと表現されている渡邉さんに注目です。

Borderless ボーダレス #03

奈緒&希莉の物語

希莉が行方不明に。犯人は、
んとストーカー教師！

希莉が殺人現場で拾ったカフ
スボタンが事件のカギを握

芭留&圭の物語

父の山荘に戻った2人。そ
に父の姿はなく、血痕が……

琴音&叶音の物語

和志にガールズバーで働い
ていることを知られる叶音

一人で殺人現場に行った希莉が行方不明に。最後に希莉と話した奈緒の家にも警察官がやってくる。心配する奈緒。そこへ「今から言うところに一人で来れる？」という希莉からの電話が。そこは担任教師・木下が住むマンションの一室だった。事件現場で犯人に襲われそうになった希莉を助けたという木下。ところが、それは偶然ではなく、木下が希莉にストーカー行為をしていたがゆえのことだった。教科書に落書きを繰り返していたのも木下で、それらはすべて希莉の気を引くためにしたことだったのだ。そして希莉は事件現場で拾ったカフスボタンを持っており、それが襲われかけた理由ではないかと打ち明ける。

父を襲った男から逃げるため、山の中を歩き続けている芭留と圭は、人気のない別荘を見つける。空き家であることを確認し、安心する２人。そこで一夜を明かし、翌朝、父の山荘に戻る。しかし、そこに父の姿はなく、血痕だけが残っていた。

音大受験に失敗した琴音を見て「お姉ちゃんみたいになりたくない」と言い、バンド活動に明け暮れる叶音。妹を変えてしまったのは自分だと琴音は後悔の日々を送っている。ある日、琴音の恋人・和志が、叶音が働くガールズバーにやってくる。

― 総合演出・金井紘 第3話 ここだけの話 ―

小林さんの涙が視聴者を物語に引き込んだ

ヒューマンドラマの側面が大きくなっている琴音＆叶音の物語。そのなかで、小林さんが家族を思って涙するシーンが印象的。あのお芝居で、琴音の後悔や妹への思いをしっかりと伝えることができたからこそ、観る人はこの姉妹の行く末が気になっていったのだと思います。

Borderless ボーダレス #04

奈緒&希莉の物語

カフスボタンの持ち主が松宮製薬の関係者だと突き止める

犯人を追う2人に脅しとも取れる尾行写真が届く

芭留&圭の物語

父を襲った男の言葉を思い出す2人。「あの女」とは?……

琴音&叶音の物語

「この街を離れたい」という叶音の決意の理由は……

カフスボタンの存在を聞いた奈緒は、希莉と一緒に真犯人かもしれないその持ち主を捜し始める。最初は警察にまかせて、危険を回避したほうがよいと思っていた奈緒だが、希莉の熱意に影響されていく。偶然にも奈緒は父が持っていたペットボトルにカフスボタンのものと同じロゴが記されていることに気づく。それは松宮製薬の社章だった。大喜びする奈緒と希莉。早速、松宮製薬を訪れるが、警備員に阻まれてしまう。そんな2人をずっと見つめる一人の女性。そして、奈緒の自宅には差出人不明の尾行写真が届き……。

父の山荘に戻った芭留と圭は、携帯電話を探すが見つからない。そんななか、2人は父が襲われたときに男が口にした「屋敷」、「あの女に会わせろ」という言葉を思い出す。

一方、叶音はガールズバーの仕事が終わるまで自分を待っていてくれた和志と一緒に帰ることに。そこで、和志に「東京へ行ってプロのギタリストになりたい」という夢と「この街を離れたい」という思いを話す。「喫茶　ドミナン」に到着後、店内で楽しそうに話す琴音と和志を切なげに見つめる叶音は表情を曇らせ、その場から逃げるように去るのだった。

総合演出・金井紘 第4話 ここだけの話

強まっていく奈緒と希莉の絆に魅せられます

第1話から第3話ではどちらかというとミステリアスに映っていた希莉が、奈緒という友人の存在にふれ、初めて人間味を見せた回。第4話に向けてだんだんと近づいてきた2人がついに結びつくようなストーリーです。どんどん強くなっていく2人の絆が、たまらなくいいです。

Borderless ボーダレス #05

結樹の物語

突然、現われた美しい女性・麻耶に憧れを抱く結樹

お互いを美しいと思う結樹と麻耶の心が一気に近づく

結樹の心を躍らせる初めての恋、初めての口づけ

麻耶に会うことを禁止する結樹の父。そこにはある理由が

体が弱く、屋敷の外に出ることができない松宮結樹は、夕方4時ごろに屋敷の前を通る美しい女性・篠塚麻耶のことが気になるように。彼女を眺めているうちに、いつしか目が合い、つかの間の会話を楽しむようになっていく。ある日、そんな様子を偶然見かけた母・寛子によって、麻耶は屋敷に招き入れられる。結樹の部屋を訪れ、ベッドに腰掛け、結樹の唇に優しくルージュを施す麻耶。結樹に「とても美しい」とささやき、2人はゆっくりと唇を重ねる。

初めての口づけに高まる気持ちを抑えられない結樹。ところが、母・寛子は突然、麻耶と会うことを禁止する。それでも麻耶に会いたい結樹は、密かに麻耶との逢瀬を重ねる。そんな娘を見かねた父・重信。麻耶と会うことを咎め、麻耶は愛人を装って権力者を失墜させる諜報員だと言って、結樹に「お前は騙されている」と告げる。そんなとき、麻耶から密かに渡された本『初恋』。そこには「愛してる」の文字が。麻耶が何者であっても信じていこうと心に決めた結樹だったが、この屋敷から引っ越すと父から告げられる。二度と会えなくなるのではと不安に思った結樹は、雨の中、麻耶のもとへと走りだす……。

― 総合演出・金井紘 第5話 ここだけの話 ―

遠藤さんが感情を爆発させる瞬間がすごい

結樹が人間としての感情を解放していくのとリンクするように、自信がなくて照れ屋だと語っていた遠藤さんの感情もグッと放たれていく部分は見応えがあります。少しタイムスリップしたようなテイストの衣装や美術セットも、遠藤さんの雰囲気とマッチしていて要注目です。

Borderless ボーダレス #06

奈緒&希莉の物語

カフスボタンの持ち主が松宮製薬の社長だと突き止める

希莉に影響され、事件を追うことに前向きになる奈緒

芭留&圭の物語

高熱で倒れてしまう芭留を支える圭。姉妹の立場が逆転

琴音&叶音の物語

叶音へ思いをぶつける琴音。姉妹の間の亀裂が深まる

尾行写真の送り主は、松宮製薬の関係者ではないかと疑う奈緒と希莉。2人は松宮製薬のオフィスに呼ばれ、社長夫人であり、副社長の松宮寛子と話をする機会を得る。そのオフィスに飾られた松宮社長の写真を見た希莉は、カフスボタンの持ち主は松宮社長ではないかと思い、調査を始める。希莉と事件の謎を探っていくことに喜びを感じはじめる奈緒。そして、ついにカフスボタンを作った工場を突き止め、松宮社長のものだという証言を得る。

一方、「喫茶　ドミナン」の客の話から、叶音がガールズバーで働いていることを知る琴音。店でおこなわれる貸切りパーティの準備で、久しぶりに叶音と2人きりになった琴音は、それとなくガールズバーで働いている理由を尋ね、叶音を支えたいという思いを伝えるが、逆に「東京へ行きたい」、「そういうのがウザい」と反発されてしまう。涙する琴音。そして琴音を置いて店を出ていった叶音もまた、一人涙するのだった。

一方、黒ずくめの男から逃げていた芭留と圭。山の麓まで歩いて行くことを決めるが、芭留が高熱で倒れ込んでしまう。圭が芭留を支えながら父の山荘を後にするが……。

―総合演出・金井紘 第6話 ここだけの話―

秘めた恋心に葛藤する早川さんの演技が見事

幼馴染みであり、姉の恋人である和志に秘めた恋心を抱きつつも、その思いを誰にも言えず抱え込んでいるという葛藤を、早川さんが見事に演じてくれました。『喫茶　ドミナン』で姉妹が言い争う場面の熱演ぶりも素晴らしくて、本当にいいシーンになったと思います。

Borderless ボーダレス #07

奈緒&希莉の物語

事件の手がかりを求めて松宮製薬が所有する別荘へ向かう

松宮社長が殺害された日は、結樹の誕生日と同じ日だった

芭留&圭、琴音&叶音の物語

琴音と叶音の父が芭留と圭を救出し、「喫茶　ドミナン」へ

「喫茶　ドミナン」に黒ずくめの不審な男が現われる！

殺人事件の被害者が松宮製薬の社長だとわかり、ネットは犯人捜しで大盛り上がり。そんななか、松宮製薬所有の別荘が売りに出されたと聞き、奈緒と希莉は現地へ向かう。そこは、結樹が暮らしていた屋敷だった（第５話）。通りかかった近所の婦人の話から、希莉たちは松宮重信が殺害された日と結樹の誕生日が同じ２月29日だと知る。

叶音が和志に密かに思いを寄せていることに気づいてしまった琴音。それが叶音が東京へ行きたいという理由なのではと考える。そうとは知らず、叶音に琴音の誕生日プレゼント選びにつき合ってもらう和志。そこでついに気持ちを抑えられなくなった叶音は、和志に思いを伝えるのだった。

一方、芭留と圭の姉妹は、視力の弱い圭が高熱で苦しむ芭留の手を握り山道を歩いていた。そこへ近づく一台の車。警戒する２人の前に現われたのは、なんと琴音と叶音の父・静男だった。２人からこれまでのいきさつを聞いた静男は、姉妹を「喫茶　ドミナン」へと連れて帰り、琴音に家で介抱するように頼む。そんななか、店に突如、黒ずくめの不審な男が現われ、それを追うように、奈緒と希莉まで店内へ駆け込んでくる……。

総合演出・金井紘 第7話 ここだけの話

ひとつに集約されていく物語の高揚感が楽しめます

バラバラに見えていた物語がひとつに集約されていくのが原作でも見どころですが、まさに第7話は、その幕開け的な回。そしてそれまで芭留に守られてきた圭が徐々に強さを見せていくという難しい役どころを、見事に表現した濱岸ひよりさんの演技にも注目してほしいです。

Borderless ボーダレス #08

奈緒&希莉、
芭留&圭、
琴音&叶音の物語

希莉の推理が冴え渡り、
犯人を徐々に追い詰めていく

父の敵を討つため、芭留と圭
は男に立ち向かうことを決意

叶音を守るため、身を投げ出
した琴音に男のナイフが

犯人は、松宮社長の娘・結樹
と愛し合っていた女だった

突然現われた黒ずくめの男によって、叶音が人質に取られ恐怖に包まれる「喫茶　ドミナン」の店内。

一方、店内での出来事に気づかず別室で休む芭留と圭、そして2人の世話をする琴音。すると突然、圭が「誰かの悲鳴が聞こえた」と言いだす。圭の言葉で防犯モニターを見て、店内の状況を察する琴音。それをともに見た芭留は、店内にいるのが父を襲った男と同一人物で、圭を追ってここまでやってきたのだと琴音に伝える。芭留と圭は父の敵討ちのために、琴音は家族を守るために、意を決して男を倒すべく店内へ向かう。

「女を出せ」と声を荒らげる男に、探しているのは松宮結樹ではないかと問いかけ、結樹はここにはいないと伝える希莉。それを聞き興奮した男はナイフを……。その瞬間、叶音を守るように飛び出した琴音。倒れた琴音の背中には、血が滲んでいた。

事態の収束を図るべく、希莉は松宮社長を殺した男が、じつは結樹と愛し合っていた篠塚麻耶という女なのではという事件の真相についての推理を語りだす。そんななか現われた圭が、父の敵・麻耶に宣戦布告すると同時に、店内の照明がすべて消え、暗闇に包まれる。

―総合演出・金井紘 第8話 ここだけの話―

6人がついに集結。緊張感の連続で物語は最高潮に

謎が明らかになり、非常に緊張感のあるシーンが連続する物語のクライマックス。サスペンスのピークとして制作しました。みんなが集結しているという面でも豪華な回ですが、緊張感のある本編と、メイキング映像の和やかな雰囲気とのギャップを楽しめる回かなと思います。

奈緒&希莉、芭留&圭、琴音&叶音の物語

芭留と圭、琴音と叶音は、
それぞれ家族の絆を取り戻す

麻耶が犯人だということに
納得がいかない希莉

結樹の物語

寛子から麻耶が持っていた本
『初恋』を受け取る結樹

麻耶との愛しい日々。
そして血まみれの記憶が甦る

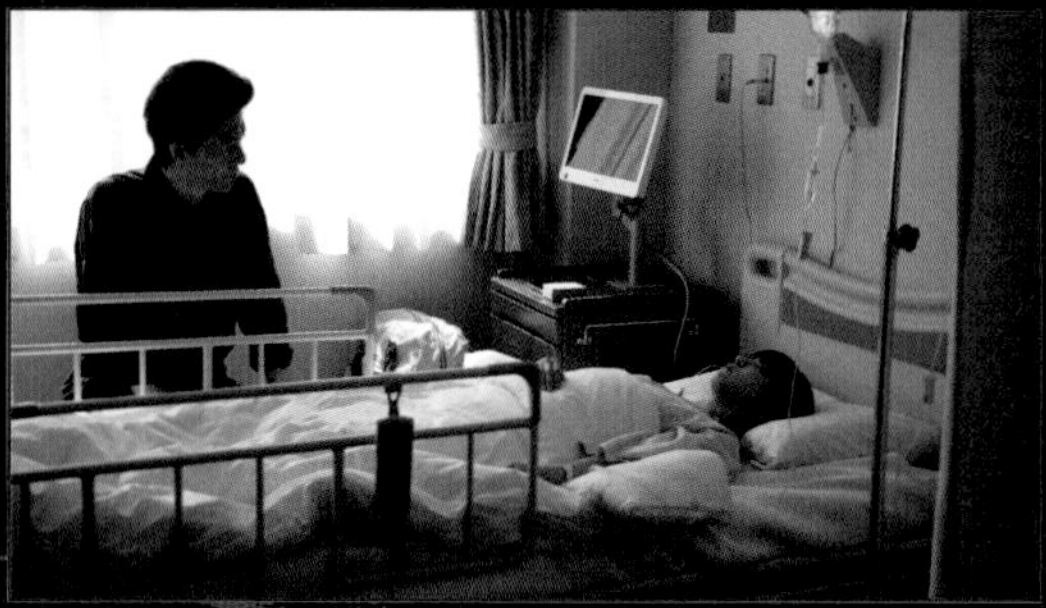

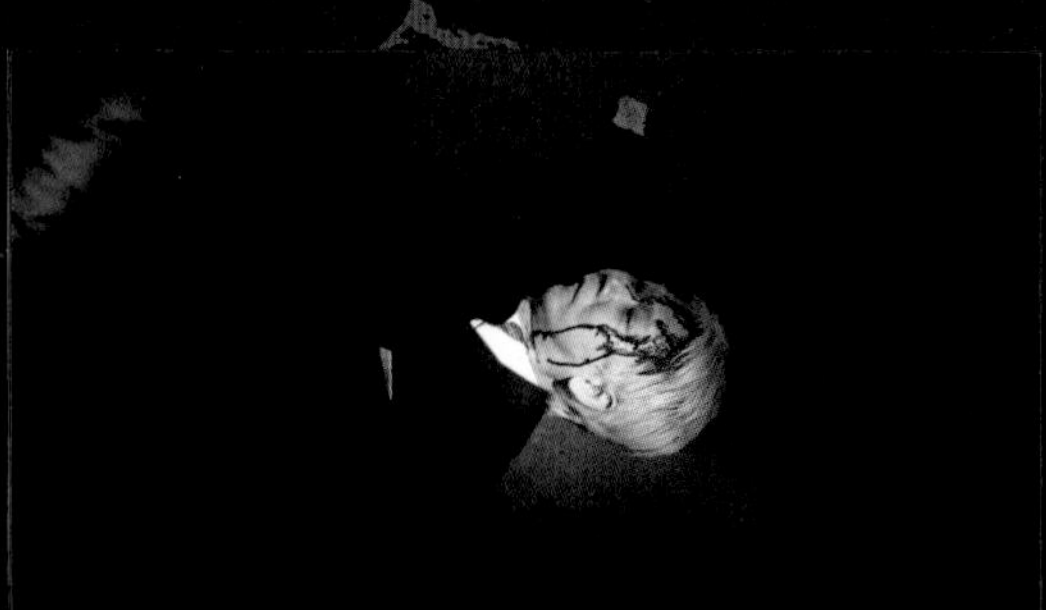

気合の入った圭の声と蹴りの音が真っ暗な中に響き渡る。そして緊張が解けた「喫茶　ドミナン」には警察が到着し、連行されていく麻耶。なんと圭が一発の蹴りで倒していたのだ。

琴音は救急車で病院へ。叶音は、自分のせいで琴音が刺されたことを悔やみ、胸に秘めた和志への思いと、東京でギタリストを目指すことを伝え、琴音と正面から向き合う決意をする。それを聞いた琴音は、叶音がどんな道を選んでも応援すると言い、2人は幼いころのようにスマホのアプリの鍵盤で連弾する。

一方、芭留と圭は、警察官から父が一命を取り留めて病院にいることを聞かされ、急いで父のもとへ向かう。病院で再会を果たす親子。娘たちに守れなかったことを謝る父に対し、姉妹は父から教わった道場訓をそらんじるのだった。

奈緒と希莉の前に現われた寛子。奈緒は、結樹に渡してほしいと麻耶が持っていた本『初恋』を手渡す。一方の希莉は、なぜ麻耶が「喫茶　ドミナン」で騒動を起こしたのかいまだに腑に落ちない。寛子から『初恋』を受け取った結樹は、麻耶との愛しい日々を思い出す。しかし、思い出を手繰り寄せた先には、父・重信の顔面に何度も石を打ちつける自分の姿が……。

総合演出・金井紘 第9話 ここだけの話

家族の修復と成長、集結を経た後の関係性に注目

それぞれの家族のシーンや、集結を経た後の関係性など、本当に魅力的で、皆さんがいい空気感でお芝居をしてくれました。あらためて彼女たちの女優としての成長が感じられる回だと思います。また、事件が解決したかに見えるところからのさらなる新展開、というのも見逃せない部分です。

Borderless ボーダレス #10

奈緒&希莉の物語

希莉が書いた結樹と麻耶の物語の舞台を奈緒が客席で見守る

芭留&圭の物語

世界を巡る旅から帰国した芭留。父と圭が笑顔で迎える

琴音&叶音の物語

琴音と和志が結婚。姉妹はピアノの連弾で幸せを祝う

結樹の物語

児童養護施設で働きながら、麻耶からの手紙を待ち続ける日々

事件の後、母・寛子とともに児童養護施設で働く結樹。子供たちに囲まれて平穏な日々を過ごしながら、刑務所から届く麻耶の手紙を楽しみに待っていた。ある日、施設の調理師として、井川という青年がやってくる。子供たちとすぐに打ち解ける井川。結樹はだんだんと井川に惹かれていく。しかし、私だけが幸せになってはいけない……。父を殺したのは麻耶ではなく自分だということを打ち明け、結樹は井川を遠ざける。そんな折、結樹が自分との過去にとらわれて前へ進めなくなることを恐れた麻耶は、結樹に別れの手紙を出すのだった。

数年後。奈緒は、舞台上の希莉に拍手を送っていた。大学卒業後、劇団を立ち上げた希莉は、結樹と麻耶の物語を書き、上演したのだ。舞台では、２人が再会を果たすという幸せな結末を描いた希莉。それが現実であってほしいと願う奈緒は、事件をきっかけに警察官を志し、高校卒業後、警察学校へ。警察官になっていた。芭留はバックパッカーになり、圭は父と念願の空手道場を開いている。琴音は和志と結婚、叶音はミュージシャンとしてデビュー間近。６人は、それぞれの人生を歩んでいる。そして、結樹の前に現われたのは……。

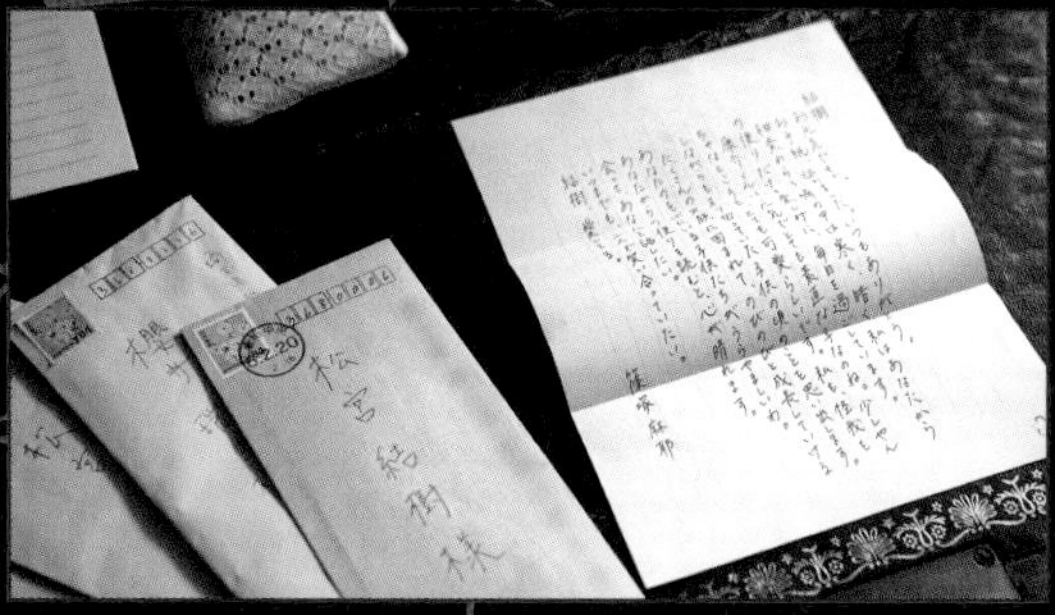

―総合演出・金井紘 第10話 ここだけの話―

原作にはない話で明るい未来を描きたかった

第10話には原作にないエピソードがあります。事件に巻き込まれた彼女たち、一方で明るい未来を生きる彼女たちという両面を引き出せる展開をという思いで制作しました。結樹もややハッピーエンドで終わりたいなと。原作のファンの方も驚きを持って観ていただける内容だと思います。

名場面ダイジェスト⑤

物語のクライマックス「喫茶　ドミナン」集結シーン

主人公たちが「喫茶　ドミナン」で一堂に会する。物語は、ここで急展開する。愛と葛藤と友情、羨望、慈悲……さまざまな思いがここでぶつかり合う。

麻耶「……ああ……最初は復讐だった」「彼女を本気で愛してしまったことが最大の誤算だった」

希莉は、黒ずくめの〝男〟だと思われていた犯人が、じつは女性で、松宮社長の元愛人の麻耶だと言い当てる。そこで初めて犯行の動機が松宮社長への復讐だと判明する（第8話）

父を襲った犯人が「喫茶　ドミナン」で暴れていることがわかり、対峙する覚悟を決めた芭留と圭。店の間取りを琴音に確認すると、琴音は店へ一緒に行くと言いだす（第8話）

4つの世界が、ついにひとつに！
守りたい者のために、それぞれが戦う

人質になった叶音の首元から滴り落ちる血。麻耶は和志のスマホを踏みつけて破壊し、「松宮みたいにグチャグチャにしてやろうか」と恫喝。店内が緊張と恐怖に包まれる（第8話）

麻耶の手から叶音を救うため、琴音は自らの身を投げ出す。その瞬間、ナイフが琴音の背中を切り裂き、服が血に染まっていく。倒れ込んだ琴音を叶音が強く抱きしめる（第8話）

麻耶は、自分が追いかけてきたのが結樹ではなく圭だったことや、じつは結樹は北海道にいるということを聞かされ、逆上してナイフを振り上げる（第8話）

真っ暗になった店内で、空手の構えで麻耶との交戦に備える圭。姉に守ってもらう弱い妹から一転、力強い姿を見せる。そして飛び胴回し回転蹴りを麻耶に……（第9話）

名場面ダイジェスト⑤ 物語のクライマックス「喫茶　ドミナン」集結シーン

圭「私は私の人生を生きたい。だからお父さんにはお父さんの、お姉ちゃんにはお姉ちゃんの人生を生きてほしい」

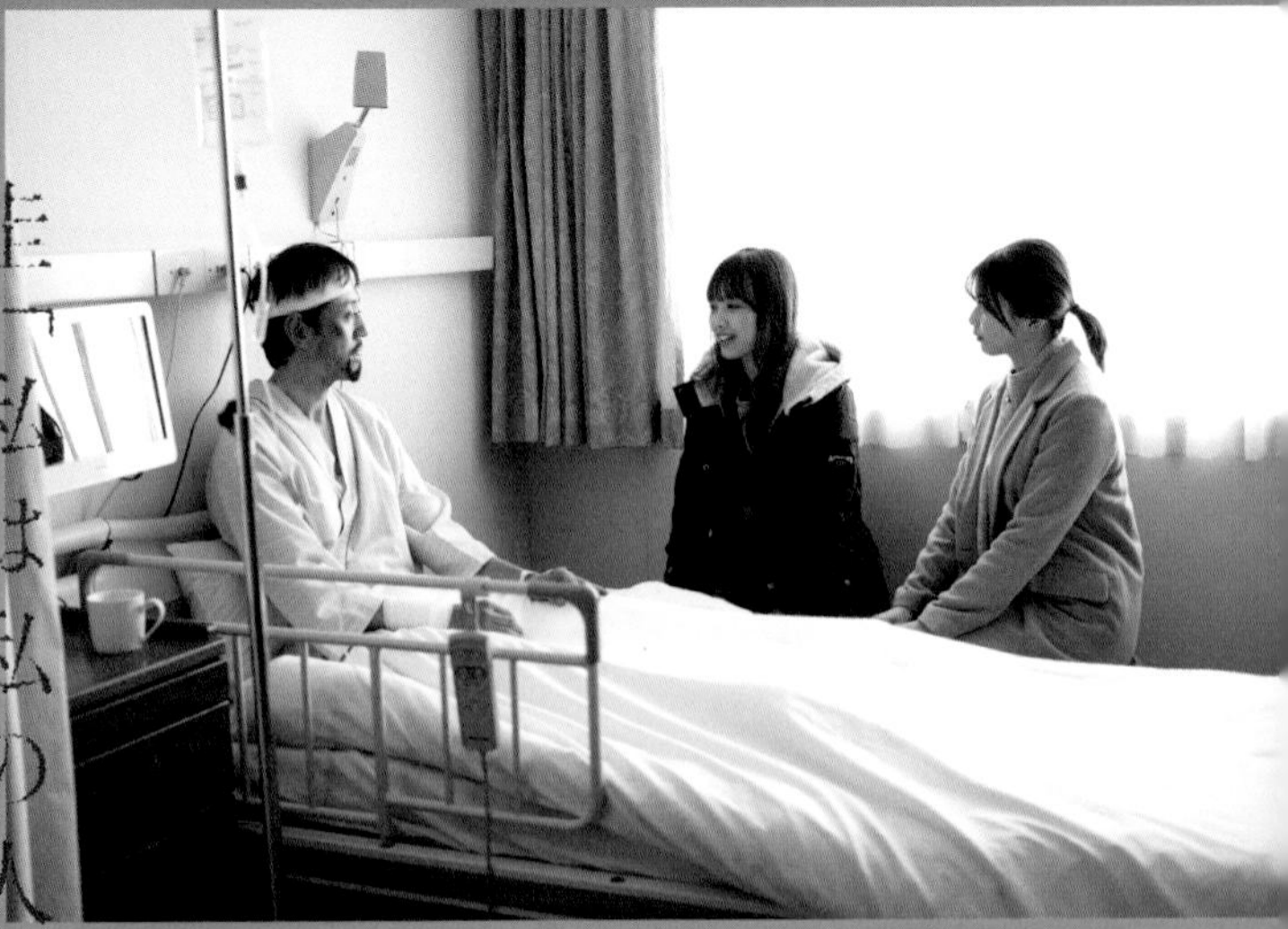

芭留と圭は、行方がわからなかった父と病院で再会する。娘を守れなかったと悔やむ父を、道場訓をそらんじて元気づける姉妹。そして圭は、父と姉からの自立を誓う（第9話）

叶音「本当はこの町も嫌いじゃない……お父さんも、今の家も」
「ピアノも……お姉ちゃんも」
「だから、これからも応援してほしいし、お姉ちゃんにも頑張ってほしい」

自分を庇って傷を負った琴音に、叶音は素直に気持ちを伝える。お互いが進むべき道を応援し合える存在になり、姉妹にようやく〝雪解け〟の時が訪れる（第9話）

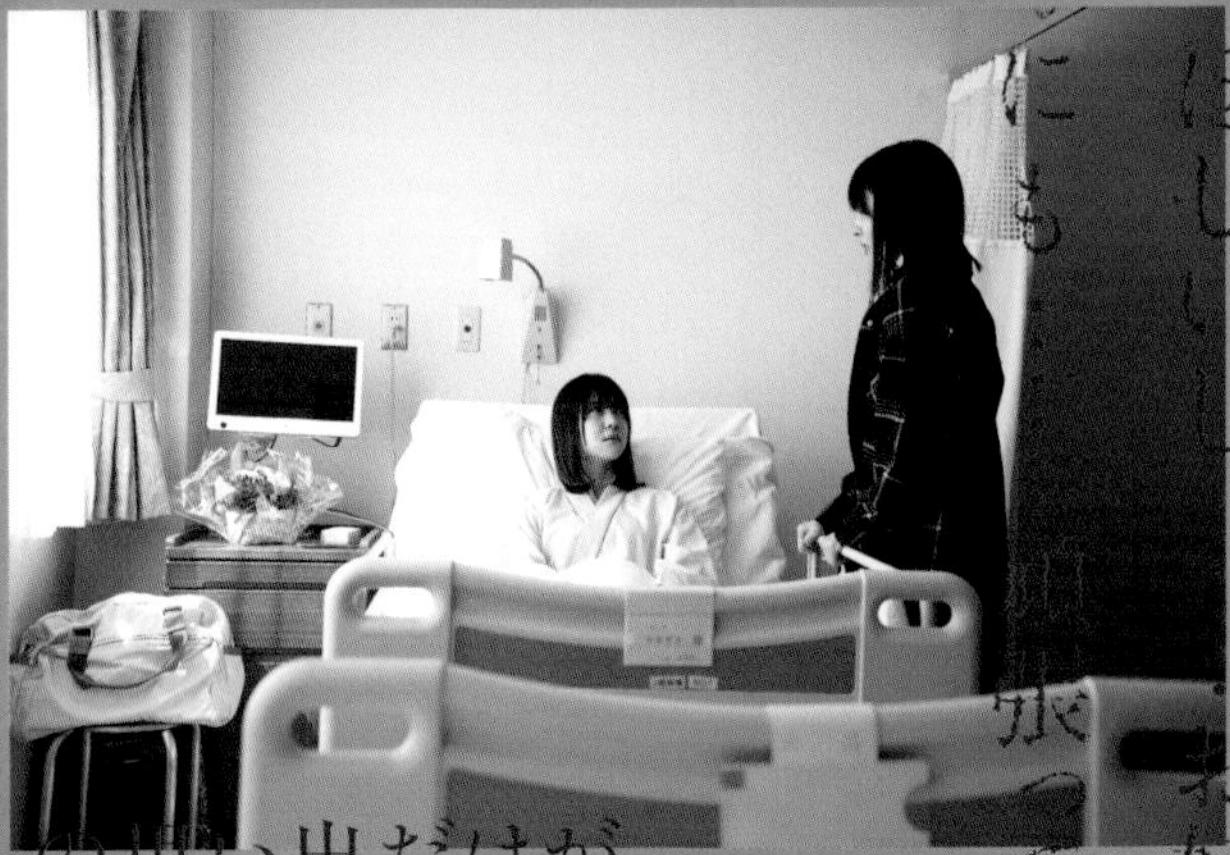

麻耶との思い出だけが
生きる力なのに……

暗い地下室で過ごし、うつろな目をしていた結樹。母・寛子は、結樹を抱きしめ、麻耶が大切に持っていたという『初恋』を渡す。その瞬間、結樹の顔に生気が戻る（第9話）

結樹と麻耶の物語は悲恋だと感じている奈緒に、希莉は彼女たちの物語はまだ途中だと話す。うまくいかないことがあっても、長編だと思えばいいと2人は笑い合う（第9話）

希莉「何か困ったことがあったり、こないだの事件みたいなことが起きたりしたとき、こう考えるようにしてるの。これは、まだ物語の途中なんだって。そう思うと、これを乗り越えたら、きっと次は感動的なシーンが来るんだって思えるでしょ？　私が作者だったら絶対そう書く」「自分が主人公なんだから。自分が一番楽しまなきゃ」「きっとまだ先があるんだよ。彼女たちの物語も。私たちの物語も」

名場面ダイジェスト⑥

それぞれの未来

奈緒、希莉、芭留、圭、琴音、叶音、結樹。事件をきっかけにボーダレスに重なり合った悲劇から、数年。彼女たちが選んだ道は……。

森 奈緒・警察官

やりたいことが見つからず、クラスで最後まで進路希望用紙を提出できなかった奈緒は、事件をきっかけに警察官の道へ。刑事課に配属され、事件を追う側になる（第10話）

片山希莉・脚本家

大学卒業後、劇団を立ち上げた希莉。あの事件後の結樹と麻耶の物語を書き、舞台を演出。事件と聞けば奈緒に同行しようとするなど、好奇心の強さは相変わらず（第10話）

八辻芭留:バックパッカー

圭の目にならなければならないという使命感から解き放たれ、世界を自由に旅するバックパッカーに。笑顔で帰国した芭留を、優しく微笑む父と妹が待っていた（第10話）

八辻 圭:空手家

父とともに空手道場を開きたいという念願をかなえ、凛々しい道着姿の圭。道場には、ピンチに圭がそらんじ、家族に勇気を与え続けた道場訓が掲げられていた（第10話）

市原琴音:結婚

「喫茶　ドミナン」を継ぎ、学生時代から交際していた和志とついにゴールイン。結婚式では、叶音とのピアノの連弾も披露。姉妹仲のよい姿を見せた（第10話）

東京でプロのミュージシャンになると言っていた叶音は、宣言どおり、プロデビューを目前にしていた。そして琴音もそのデビューを心待ちにしている（第10話）

市原叶音:ミュージシャン

名場面ダイジェスト⑥ それぞれの未来

松宮結樹:養護施設職員

母とともに児童養護施設「虹の丘」で働く結樹。子供たちと過ごすうちに、笑顔を取り戻していくが、自分だけが幸せになってはいけないという麻耶への思いが……（第10話）

結樹にとっては、服役中の麻耶から届く手紙だけが生き甲斐。しかし、あるときから手紙が途絶える。麻耶に会いたい思いばかりが募り、涙が溢れてくるのだった（第10話）

麻耶からの手紙が届かなくなってから数年後。突然、結樹の前に現われた麻耶。これは希莉が、2人に幸せになってほしいという願いをこめて書いた物語だった……（第10話）

ボーダーがなくなった
2人の物語の結末は……

奈　緒「もし何かひとつでもズレれば、出会わなかった私たち」
「いつか希莉が言っていたように、私たちは神様が作った登場人物で、神様が作った一ページを生きているのかもしれない」
「けど私は、時々思う……」
「神様じゃなく、私たちが作り出した一ページも必ずどこかにあるって」

琴音の結婚式に招待された奈緒、希莉、芭留、圭の4人がひとつのテーブルにつき、新郎新婦を祝福。事件がなければ出会うことがなかった笑顔の6人がそこにいた（第10話）

希莉と出会い、殺人事件をきっかけに、自分自身の人生の新たな扉を開いた奈緒。「主人公になれない」と言っていた平凡な女子高生が、自分が主人公の人生を歩み始める（第10話）

Interview

紺野彩夏

紗子

雄太とのシーンはかなりアドリブでやっていました

――『ボーダレス』に出演が決まったときのお気持ちを聞かせてください。

めちゃくちゃ嬉しかったです。もともとミステリー小説が好きで、誉田哲也さんの作品も大好きだったので。『ボーダレス』はもちろん『あなたが愛した記憶』、『感染遊戯』、『歌舞伎町ゲノム』など、たくさん読んでいます。伏線がラストに向かって回収されていく瞬間がすごく好きなんです。

――演じられた紗子という役はいかがでしたか？

裏表がなくてとにかく明るいコというイメージ。一緒にいたら楽しそうだなと思うので、現実にいたらすごく仲よくなっていると思います。それに、あそこまで突き抜けて明るくてギャルっぽい女のコの役は初めてで、演じるのもとても楽しかったです。監督から、紗子は事件とは離れたところにいて、物語に明るい雰囲気を添える唯一の存在だと説明をいただいていたので、演じるうえでその部分はすごく意識しました。でも、私自身のテンションがそんなに高いほうではないので、監督から「紗子、元気ないよ」と言われてしまうこともありました。ギャルっぽいテンションと〝根っからのいいコ〟という雰囲気を両立させるのは難しかったです。

――「ここを見て」という紗子のイチ押しのシーンを教えてください。

紗子は、彼氏の安藤雄太といるときがいちばんおもしろいので、注目してほしいです。じつは、雄太とのシーンはかなりアドリブで演じているんですよ。とくに第7話で結樹が住んでいた屋敷に行くまでのシーンなどは、けっこうアドリブでやらせていただきました。「喫茶　ドミナン」での集結シーンや結樹とお父さんの確執のシーンなど、シリアスな場面が物語の見どころだと思いますし、クライマックスに向けて、それぞれの登場人物の心の変化や成長が見えてくる場面ですが、紗子だけはずっと変わらないというか。その対比を楽しんでいただけたらなと思い、演じていました。

――共演された森田ひかるさん、齊藤京子さんとは同世代ですが、印象は？

2人とも小さくてかわいいという印象でした。最初は人見知りなのかなと思っていて、あまり話しかけて困らせちゃうのはダメだなと自粛していました（笑）。でもだんだんと話をするようになって、とにかく魅力的な2人だなと思うようになりました。キョンちゃん（齊藤）は、あまり一緒にいられる時間がなかったのですが、出演したバラエティ番組の話などでよく盛り上がっていました。るんちゃん（森田）は、撮影シーンがほぼ一緒だったので、撮影の合間はずっと話していました。好きなマンガやアニメのこととか。おすすめのマンガも教えてもらいました。毎朝、「こんちゃーん」と言って来てくれるのがかわいすぎて。嬉しかったです。2人とも笑いの沸点が低いから、撮影前に「笑いすぎてヤバい」ということもありましたね（笑）。

――現在、モデルと女優の両方でご活躍されていますが、大変なところは？

お芝居にはモデルとはまったく違う楽しさがあるので、大変だと思ったことはありません。ドラマや映画は、自分とはまったく違う別の人格を演じられるところが好きなんです。どちらもやりがいがありますし、これからもいろいろな役を演じてみたいと思っています。

――やってみたい役は？

やっぱりミステリーが好きなので、謎を解いていく人物に憧れます。『ボーダレス』の希莉みたいな。それから制服は、あと少しで着られなくなっちゃうと思うので、制服が着られる若いうちに、少女マンガの主人公みたいなキラキラした役もやってみたいです。あ、反対にミステリアスな殺人鬼役とかにもいつか絶対に挑戦してみたいですね。

シリアスな雰囲気を変える紗子の明るさを感じてほしいです

こんのあやか　1999年6月24日生まれ　千葉県出身　T164　「non-no」専属モデル。2018年にスタートした特撮ドラマ『仮面ライダージオウ』（テレビ朝日系）のオーラ役で注目を浴びる。ドラマ『承で終わる。』（smash.独占配信、主演）、映画『灰色の壁〜歯車〜』（ヒロイン）、『藍に響け』（W主演）、『ミスミソウ』、『恋妻家宮本』などに出演

Interview

ルウト 篠塚麻耶

ラストの麻耶と結樹の再会は、2人とも自然と涙が出てきました

結樹にリップを塗るシーンは何回もテイクを重ねました

——第5話を中心に、結樹との〝純愛〟が話題になりました。遠藤さんとの撮影で印象に残っていることは？

　原作はもっと色っぽく書かれていますが、監督からドラマ化にあたって、「すべてを見せてしまうより、観ている人にその先をイメージしてもらえるものにしたい」というお話をいただきました。だから首元へのキスや指を絡めるシーンなどは、観ている人の想像を掻き立てなければと思っていたので、難しさはありました。しかも女性同士。それに、麻耶は結樹に手解きをする存在なので、優しく、余裕のある雰囲気を出さなければいけませんでした。とくに、結樹の唇に薬指でリップを塗る場面は、なかなかOKをもらえなくて、何度もテイクを重ねましたね。

——結樹を演じた遠藤さんの印象は？

　結樹が持つ初々しさと儚さ、上品さ、凛とした強さを体現されている方だなと思いました。麻耶とのシーンでも、結樹として緊張した雰囲気を醸し出しながら、でも堂々とした強さみたいなものも感じられて、頼もしかったです。ご一緒させていただいた国生さゆりさんもオーラがすごくて、この母娘の間に入っていくのかと、本当に緊張しました。

——シリアスなシーンが多かったと思いますが、カメラがまわっていないところでは、どんな雰囲気でしたか？

　とにかく寒い時期の撮影だったので、ひたすらさくらちゃんと「寒くないですか？」、「寒いです」という会話がループされていました（笑）。使い捨てカイロを分け合ったりして、とてもほんわかした時間を過ごしていました。

——麻耶は女性らしさ、男性らしさ、どちらも出さなければならない難しい役だったと思いますが、役作りで気を遣った点は？

　最初に監督から、女性としての麻耶のイメージは、凛として知的なみんなの憧れのお姉さんだから小雪さん、男性としての麻

耶は落ち着いた雰囲気や声を持つ平泉成さんと名前を挙げていただいて。小雪さんと平泉さん……、お2人が同一人物ってちょっと、と（笑）。どの直線上なら、この2人が1人の人間として並ぶのだろうと。女性としての麻耶が赤や青の原色の服を着ることが多かったのに対し、男になった途端、衣装が真っ黒になるなど、見た目はかなりギャップがありましたし、試行錯誤して演じきれたと思います。男性としての麻耶を演じる前には、少しでも低い声が出るようにと、ウイスキーでうがいをしたりして。

――原作者の誉田哲也さんは、『ボーダレス』を映像化する際の麻耶役はルウトさんしかいないと思われていたそうです。

撮影後にそのお話を聞いて、すごく光栄だと思いました。でも、本当に難しい役だったので、プレッシャーがすごくて、撮影前に聞かなくてよかったです。

――「喫茶　ドミナン」に現われた男性としての麻耶は、カッコよかったです。

ありがとうございます。麻耶が結樹に対する思いを語るところは、いちばん男性としての麻耶の感情が高まったシーンです。麻耶は、結樹への思いや悲しみ、悔しさをずっと誰かに言いたかったのではないかなと。そう思ったので、思いをすべてぶつけられたような気がします。「愛を得るということは、それをいつか失うということを同時に知ることだ」というセリフがありますが、あれこそ麻耶の心理だと思いましたし、誰もが感じる人生のテーマではないかなと思いました。でも、いちばんの見どころは、圭に蹴られるところかな。濱岸さんはダンスをされているからか、もちろん動きにキレがありましたし、アクションの動きのコツを掴む早さがすごくて。ふだんはふわっとしたかわいらしい方なのに、アクションが始まると突然鋭い目になって。あの若さであの空気感が作れるなんて、いい意味で怖くなりました。

――「喫茶　ドミナン」での集結シーンは、物語の中で最もシリアスなシーンのひとつだったと思いますが、撮影現場も緊張した雰囲気でしたか？

それが、そうでもなかったんです。第5話では、少ない登場人物でかなりシリアスなシーンを撮影していたのに対し、「喫茶ドミナン」のシーンは一気に賑やかで。『ボーダレス』って、こんなに和やかな撮影をしていたんだと思いました（笑）。麻耶が人質に取る叶音役の聖来ちゃんは、すごく明るくて、「我々は運命共同体ですね」って声をかけてくれて。「いやいや、私は悪い人で、聖来ちゃんは人質だから、運命共同体ではないでしょ」と笑い合いました。一度、気づいたら人質の聖来ちゃんが悪い人の私にもたれかかったまま眠っていたんですよ。かわいすぎますよね（笑）。

――麻耶は、物語の4つの世界すべてに関わっている唯一の存在ですが、作品全体を通していちばんの見どころは？

すべてのキャラクターに自分のボーダーを越える部分〝ボーダレスな瞬間〟があるので、そこに注目していただければと思います。たとえば、麻耶にとっては、女性から男性に変わるということがひとつボーダーを越えるときですが、麻耶自身にとっての本当のボーダーは、復讐が愛に変わったときなのではないかと感じています。第5話で「男の人も女の人も、美しい人が好き」と言う場面がありますが、最初は結樹を騙すための言葉だったのが、いつの間にか真実に変わっていくところはグッときました。

――第10話の原作にはない結末は、どのように受け止めましたか？

本当に台本を読んだときから泣けてきてしまって。それぞれの登場人物が未来へ向かっていくなかで、「私たちにもやっと幸せなシーンが来たね」とさくらちゃんと喜び合いました。第5話の撮影からラストの再会のシーンの撮影まで、さくらちゃんと会わない期間が実際にけっこうあったのですが、久しぶりに会うと、前を向いて歩き始めた結樹とさくらちゃんが本当にリンクして見えて。すごく頼もしくて、本当に感情が溢れて、感動しました。再会のシーンは2人とも自然に涙がこぼれていました。さくらちゃんは、結樹と同じで強さも儚さも両方持つ美しい人。そういう美しさって、性別は関係ないんだと思います。だから、いつかさくらちゃんの麻耶役も見てみたいなと。すっかりさくらちゃんのファンになってしまったので、乃木坂46としてのさくらちゃんも見たいなと。今度、ひそかに握手会にも行ってみようかな（笑）。

るうと　男女の性別にとらわれない〝ジェンダーレス〟な魅力を生かして俳優活動を展開。アニメの実写化作品のほか、舞台、ドラマなどでは男性役と女性役のどちらもこなす。バラエティ番組にも出演し、モデル、ラジオ、イベントのMCなどとしても幅広く活躍中

Interview

宮川一朗太

市原静男

琴音と叶音の心が通じ合った瞬間は涙が止まらなかった

いつの間にか気持ちは、本当の父親になっていました

——3回めとなる誉田哲也さん原作の作品への出演で初の父親役。いかがでしたか？

お話をいただいたときは、こんなにきれいな2人の父親でいいのかなと（笑）。4つの物語のなかで市原家がいちばん現実世界に近い、どこにでもある家族の話だと感じたので、なるべく普通のお父さん、喫茶店の気のいいおっちゃんを演じるよう心がけました。

——琴音と叶音、姉妹役の2人の印象は？

最初こそギスギスしてしまっている関係ですが、それでもどこかで心はつながっている、みたいな。そういう〝家族だからこその雰囲気〟をすごく考えて演じているなと感心しました。〝静〟の琴音と〝動〟の叶音。由依ちゃんは、妹との関係に悩みながらも、父親の前ではそれを悟られないように笑顔でいるという役で、静かな心の揺れ動きを表現するのは難しかったと思います。でもそこをすごく丁寧にお芝居されていて。人柄が表われているのかなと思いました。一方、聖来ちゃんは、どんどん感情を表に出す役柄。終始、感情を豊かに表現されているなと感じていましたが、第8話で琴音が刺されるシーンでは、テストからボロボロ泣いていて。テストでは泣かず、本番に感情のピークを持っていくのが演技のセオリーだと思っていましたが、テストも本番もボロ泣きしていたのには驚きました。素晴らしい集中力を持っているなと。

——琴音と叶音の関係も含め、第7話から静男が店主である「喫茶　ドミナン」を舞台に一気に物語が動いていきます。

淡々と描かれてきた4つの物語が一気にひとつにまとまっていく展開は、観ている人をびっくりさせたのではないかなと思います。「喫茶　ドミナン」で希莉が事件の謎解きをして、麻耶を追い詰めていく長ゼリフもすごかったですね。じつは京子ちゃんがセリフの心配をしていたので、「セリフは長いほど同じリズムにならないほうがいい。歌と同じでチェンジオブペースが大事だよ」と伝えましたが、まったく心配ないくらい見事に体得されていて。彼女は本当に努力の人だなと。それに「喫茶　ドミナン」が事件解決の現場になること自体も展開的におもしろかったですね。ずっと市原家の姉妹の話は、芭留と圭が昔観たドラマの話なのではないかという伏線があったので、僕も台本を読みながらそう思っていて（笑）。それが市原家もつながって、そのときの「やられた感」は演じていてもすごく楽しかったです。

——やはり、4つの物語が〝ボーダレス〟になるところが本作の最大の魅力ですね。

そうですね。それぞれの物語の根底に、友情や姉妹の絆といった〝愛〟という共通項があったからこそ、うまく〝ボーダレス〟が完成したのかなと。愛はボーダレスだなとしみじみ思いました。あと、森田さんの、ストーリーテラー的な奈緒の演技は天才的でしたね。劇中のモノローグでは、感情を抑えながら自然と物語に入っていけるような語りがすごくうまいなと。それに、奈緒が事件に巻き込まれていく葛藤を目の揺らぎひとつで表現されていて引き込まれました。ご本人に聞いたら無意識だと言うから、今、奈緒のような普通の女のコを演じさせたら誰も敵わないと思いますよ。

——市原家でいちばん印象深いシーンは？

やっぱり第9話の病室のシーンは市原家のハイライトかな。姉妹が仲直りするシーンは、本当に感動しますね。静男が病室の外で2人の話を聞くというシーンがあるんです。撮影時には2人が病室で話すシーンの音声を実際に流してもらいながら演技をしたのですが、もう号泣で。涙も鼻水も止まらなくなっちゃって。2人のお芝居に感極まりました。市原家がまとまった瞬間だなと。撮影後、聖来ちゃんから、「永遠にお父さんです」と言ってもらったときは、本当に嬉しかったです。また市原家で集まりたいと話していますし、いつかもう一度、2人の父親役をやりたいですね。

みやかわいちろうた　1966年3月25日生まれ　東京都出身　1983年、映画『家族ゲーム』で主演デビュー。ドラマ、映画に出演を重ねる一方、クイズ番組『東大王』（TBS系）でも活躍。高いオセロの能力から〝オセ朗太〟の異名を持つ。競馬にも精通し、地方競馬アンバサダーを務める。〝おひさま〟（日向坂46のファン）としても有名

Interview

濱津隆之

八辻孝蔵

本番で見せる驚きの集中力にアイドルの底力を見ました

――坂道グループのメンバーとは初共演でしたが、娘役の渡邉理佐さん、濱岸ひよりさんと初めて会ったときの印象を聞かせてください。

本当に2人とも女のコらしくて、かわいらしいなと。初めてお会いしたときは、ほとんど打ち合わせだけで、挨拶くらいしかできなかったのですが、あんなかわいらしい娘は、この僕の顔からは生まれてこないだろうから、妻がよほどきれいな人なんだろうなと想像してしまいました（笑）。2人は、すでに撮影以外のところでも本当の姉妹のような雰囲気が出来上がっていて。年上でしっかり者の理佐さんと、年下でちょっと甘えん坊な感じのするひよりちゃん。2人のやり取りを見ていると、「こんなにかわいい姉妹はなかなかいないな」と、つい思ってしまっていました。

――芭留と圭、2人とお芝居をしてみてどうでしたか？

ひと言でいうと、2人の集中力の高さに圧倒されました。第9話で親子3人が病室で話すシーンがあるのですが、直前にミュージックビデオの撮影などグループの活動が多忙だったようで、2人が「セリフが覚えられていないよ」とこっそり話をしていたんです。実際、リハーサルのときも少しセリフに詰まってしまったりして。大丈夫かなと思っていたのですが、いざ本番になるとそれが冗談だったのではないかと思うくらいバシッと決めてくれて。やっぱり彼女たちは何千人、何万人のお客さんの前でステージに立っている人たちなんだなと、あらためて感じました。その本番一発めで理佐さんが涙を流して演技されたのにはさらに驚きましたね。家族での感動的なシーンではあるのですが、台本にはとくに「涙を流す」と書いてあったわけではありませんでしたから。涙は演者次第ということなのですが、ちゃんと気持ちを盛り上げて、涙を流しながらしっかりとセリフを言えるのはすごいなと。

――濱岸さんはどんな印象でしたか？

視力の弱い女のコという役柄は本当に難しかったと思います。うまく言えませんが、単純に〝見えない〟という芝居をしてはダメなんだと思うんです。圭が父親の手を握るシーンがあるんですが、さっと握りすぎたり、逆に不自然すぎたりするとダメ。ただでさえ撮影で緊張されているなか、何度も撮り直して試行錯誤を重ねられていたのが印象に残っています。その姿を見て、「大丈夫だよ」と思わず声をかけたこともありました。そうしたらクランクアップの日に「あのとき言ってくださった言葉で肩の力が抜けて、思うように演技できました。ありがとうございました」というお手紙をいただいて。自分でも忘れていたことだったのでびっくりしましたね。最後まで難しい役をしっかりと演じられて、本当に感心してしまいます。

――ドラマ『ボーダレス』の見どころを教えてください。

4つの物語が交差するストーリーなので、「一度観ただけでは完璧にはわからない」というところこそ、この作品のおもしろさだと思います。観るたびに、いろいろ新たに気づくことが出てくるのではないかなと。さらに、主軸にして見る物語を変えることで、また違った視点で楽しめる作品だと思います。なにより、第一線のアイドルグループのメンバーの皆さんが、キラキラした物語ではなく、重厚なミステリーを演じているギャップがいいと思います。いつも光の中にいるコたちが暗い面のあるような作品でどんな表情を見せるのか。そこは彼女たちにしか作れない部分なのかなと思います。ひよりちゃんの、〝ザ・女のコ〟の部分ではなく、カッコいい空手のアクションシーンも見逃せないですよね。僕自身は、逆に今度はアイドルとしての彼女たちを追っかけてみたいなと。今度、CDショップのアイドルコーナーを覗いてみようかなと思っています。

つねに光の中にいるコたちだからこそ見せられるギャップが本作の魅力

はまつたかゆき　1981年8月25日生まれ　埼玉県出身　2018年、映画『カメラを止めるな！』で第42回日本アカデミー賞の優秀主演男優賞を受賞。映画『夏への扉』、大河ドラマ『麒麟がくる』（NHK）、ドラマ『絶メシロード』（テレビ東京系）、『ノーサイド・ゲーム』（TBS系）などに出演

現場オフショットで振り返る撮影の思い出

『ボーダレス』メイキングDiary

約3カ月にわたっておこなわれた撮影の裏側を、写真とともにプレイバック。作中とはひと味違う、出演者たちの和気藹々とした姿に癒やされること間違いなし!

撮影が進むにつれて森田と齊藤のバディ感も強まり、名コンビが誕生

Borderless
Making Diary

極寒の山の中のシーンを必死に演じた濱岸と渡邉にひとときの笑顔が

屋敷でのシリアスな撮影の合間のロケ弁に思わずニッコリの遠藤

回想シーンを撮影中の早川と小林。小林はおさげ髪に少し照れ気味

Borderless Making Diary

自身の映像チェックで、真剣な眼差しでモニターを見つめる早川

アットホームな雰囲気で和気藹々の市原家の皆さんとイケメン和志

母娘を演じた国生と遠藤、そして千里役の清水香帆が〝キュン〟

撮影期間中にすっかり仲が深まって、本当の姉妹のような小林と早川

笑顔の森家。お父さん役のアキラ100%のひと言に森田のゲラが発動!?

刑務所での麻耶との面会シーンに挑む遠藤。いよいよ撮影も終盤に

Borderless Making Diary

物語のカギにもなる小説が書いてあるノートを嬉しそうに開く齊藤

松宮家の屋敷をバックに。ご婦人役のわかばかなめも交えて

バンドのシーンをカッコよく演じた早川とバンドメンバー役の3人

4年後という設定の撮影で、大人の雰囲気を醸し出す遠藤

第10話の琴音の結婚式のシーンを無事に撮り終え、感無量の2人

琴音の結婚式のシーンの撮影で、ドレッシーな姿の森田と齊藤

Borderless
Making Diary

物語の重要な舞台となった「喫茶ドミナン」に６人が集合！

Interview

ドラマ『ボーダレス』総合演出

金井 紘

原作に人間味をプラスして 新たな"青春群像劇"に

——原作を読んで、すぐに映像化のイメージは思い浮かびましたか？

最初は難しいと思いました。4つの物語が独立して進行し、次第に交錯していく構造がおもしろいと感じたのと同時に、これをどうすれば映像化していけるのかって……。あと原作とまったく同じようにやってもどこかで破綻が起きたり、ドラマとして成立しない部分が出てくるので、そこをどうすれば映像表現として成立させられるのかを考えました。

——4つの物語は、原作より細かく描かれているところも多かったですね。

誉田哲也先生の描いているキャラクターはもうすでに出来上がっていて、人物描写がしっかりとされていたので、そこにエピソードを加えるようにしました。原作ではそこまで深く描かれていない人たちの心情や感情を深く掘り下げて、よりドラマらしく仕上げています。

——"青春群像劇"だと感じた視聴者が多かったのもそのためなんですね。

もちろん誉田先生が書かれたサスペンスの部分はこちらが手をつけるまでもなく完成されたものだったので、僕らはヒューマンドラマの部分を少し際立たせて、彼女たちに人間味を少しプラスすることにしました。それにより"青春群像劇"のように映ったのかもしれないです。

——今回、お芝居が初めてというメンバーもいましたが、撮影に入る前に皆さんに注文したことはありますか？

各キャラクターに二面性を持たせて、キャラクターに深みを作りたいと全員に伝えました。乃木坂46さんはわりと清楚なお嬢さんで、欅坂46さんは激しくストイック、日向坂46さんは元気というイメージがあり、個人にもさまざまなイメージがあります。そのイメージと、アイドル活動をしているときには見せないもうひとつの顔の両方を引き出したいと思っていました。最初は「何言ってるんだろう？」という感じだったんですが、やっていくうちに掴んでいったみたいです。だからこそ、視聴者を惹きつけるキャラクターが生まれたと思います。

——その二面性やギャップは、ドラマを通してだけでなく、メイキング映像でも存分に味わえましたね。

最初、45分のドラマということで話を受けたのですが、やはり観てくださる方は彼女たちの笑っている顔も見たいのではと思い、メイキングをつけることにしました。普通は1、2分ですが、ここはもう10分とか15分にしちゃえと思ったのは、現場の和やかな雰囲気を届けて、彼女たちがどれだけ頑張っているのかを見せたくもあったからです。あれにより、彼女たちの魅力がより多くの人に伝わったと思います。そしてそこに映るふだんの姿とのギャップで、シリアスなお芝居がより際立つようになりました。あれはやれてよかったです。

——メイキングを見ていると、現場が明るく楽しそうでした。

撮影自体が真冬で過酷なものになることがわかっており、初めて本格的なドラマに参加するメンバーもいたので、なるべく雰囲気のいい現場になるように気をつけました。そこには、「ドラマの現場って楽しい」「演じるっておもしろい」と思ってもらい、今後の活動につなげてもらいたいとの思いがあって。なので、皆さんがクランクアップのときに楽しい現場だったと言ってくれたのは、すごく嬉しかったです。

七人七色の演技で 毎回、驚かされた

——奈緒を演じた森田ひかるさんは、ドラマ初出演でした。

最初は緊張されていましたが、とても初

めてには見えず、ポテンシャルをすごく感じました。あの小さな体で、あれだけのかわいらしい見た目なのに、スイッチが入ると一気にお芝居からパワーが伝わってくる。今回の奈緒もそういう人物だったので、森田さんでよかったです。ちなみに第1話、第2話あたりは、どうしてもお芝居が小さくなっていましたが、第3話で希莉を助けに行くところからは、驚いた表情やさりげない仕草といったセリフ以外の部分での表現のレベルが格段に上がっていて……。すごく成長を感じました。

――希莉を演じた齊藤京子さんの演技はいかがでしたか？

ほかのメンバーは本人に近い役でしたが、彼女だけはアイドル活動で見せる姿と希莉というキャラクターが乖離していて、すごく難しいのではと感じていました。役に入りきらないと理解できない部分もたくさんあるんです。ただそんな部分も自然と役に落とし込んで、希莉という役を作ってきました。そしてそれは回を追うごとに素晴らしくなって……。力強かったです。

――〝奈緒希莉〟コンビとして、気をつけたことはありますか？

奈緒はすごく平凡で抑揚のないキャラクターなので、2人のバランスを保つために、希莉もあまり抑揚をつけすぎないようにチューニングはしました。でもそれくらいですね。あとは2人の関係性の変化を楽しんだ感じです。奈緒が希莉に惹かれて、大きな事件に巻き込まれて絆が強くなっていく……。バディものですが、裏返すとラブストーリーに見えてもいいなと思い、その表現は絶妙な感じで撮っていきました。これは奈緒と希莉だけではないですが、キャラクターの関係性により、あるときはヒューマンドラマやラブストーリーのように、またあるときはホームドラマのようにと、いろんな形に映ればと思って撮りました。あらためて見返す方は、そのあたりにも注目してください。

――〝芭留圭〟姉妹は、撮影そのものが大変そうでしたが……。

とにかく極寒の中、薄着で靴も履かずに駆けずりまわるという現場で、2人は本当に大変だったと思います。ただそのような状況だったからか、渡邉理佐さんと濱岸ひよりさんがすごく仲よくなり、現場でも本当の姉妹のような空気を持って過ごされていました。それがすごく投影された映像になっていると思います。

――芭留を演じた渡邉さんの演技は？

表情の表現がすごく上手だと思いました。とくに序盤はセリフがそこまで多くなく、まわりの景色もそこまで変わらない。そんななかで、何かに追われている表情や圭のことを愛おしむように見守るまなざしで、物語を引っ張っていった。これは今後、女優としての武器になると思いました。あと声もすごくよかったです。

――圭を演じた濱岸さんの演技は？

初めから勘がいいと思いました。圭は視力が弱いという難しい役どころで、経験のある役者さんでも絶対に不安になる役なんです。それを違和感なく初日からこなせたのは素晴らしいと思いました。事前に勉強して役作りをしてきてくれたおかげでもありますが、かなりリアリティのあるお芝居になっていました。そして現場ではきっと不安だったと思うのですが、そういうときはさりげなく渡邉さんが話を聞いてあげて、演技を引き出していたようです。すごく心強かったと思います。

――〝琴音叶音〟姉妹は、どちらも演技経験者でした。

初めは小林由依さんと早川聖来さんは現場ではあまり仲よくしないほうがいいと思っていました。やはり現場の空気は演技に出やすいので。ただこの2人は違いました。カメラの前に立ったら完全に役になって。心配する必要はなかったと反省しました。

――琴音を演じた小林さんの演技は？

じつは小林さんは何年か前にお芝居のワークショップでお会いし、そのときからモチベーションの高さを感じていたんです。それを再び感じたのは、第3話の家族写真を見て涙するシーン。じつはこれ、あえて難しいことに挑戦するために初日に撮影したんです。家族を思って泣くのに、まだ家族のシーンは一度も撮っていない。でも小林さんならできるだろうし、今後の女優人生を考えたらできてほしいと思って。そんなこちら側が勝手に作ったハードルを、彼女は越えていきました。すごく満足のいくお芝居を見せてもらえて感動しました。

――叶音を演じた早川さんの演技は？

早川さんで印象に残っているのは、鼻すじの美しさ（笑）。その横顔を映像として残したいと、ガールズバーでのおでこを出す髪型に挑戦してもらいました。いつも見せる表情とはまったく違って、視聴者をドキッとさせたと思います。そんな彼女は前半はすごくツンツンした役なので、いかに感情を振り切ってやるかが大事でした。そうしたら、家族といるとき、バンド仲間といるとき、バイト中と、それぞれまったく違う表情を見せてくれて。もっといろんな表情を見たいと思いました。

――結樹を演じた遠藤さくらさんは、一人でのシーンが多かったですが……。

遠藤さんはとても孤独だったのでは（笑）。でも、国生さゆりさんや手塚とおるさんと一緒に演技したことが大きな経験になったと思います。彼女は奥ゆかしいところがあるのですが、撮影が進むにつれてそこが解放されていく姿が役とリンクしていてよかったです。とくに第5話の口紅を塗るシーンでは、モノクロの世界で生きてきた少女の世界が急に色を帯びていくさまを、表情で表現していくのが素晴らしかった。彼女にしかできない結樹だったと思います。

――坂道グループメンバー7人にとって、この作品に関わったことは大きな経験になったと思います。

撮影期間の3カ月で皆さんすごく成長したと思います。だからこそ、これからもお芝居は続けていってほしいです。

現場でネガティブな感情をひとつも出さない彼女たちの姿には、こちらもすごく刺激を受けました。ぜひ、いい女優さんになってもらって、また現場で会いたいです。

かないこう　早稲田大学政治経済学部卒業。2006年、フジテレビジョンに入社。『好きな人がいること』（'16）、『グッド・ドクター』（'18）など数々のヒットドラマを生み出す。2019年に独立。現在はstoryboard所属。おもな演出作品に『ガリレオ』（'13）、『HERO』（'14）、『コンフィデンスマンJP』（'18 以上フジテレビ系）、『コント が始まる』（'21 日本テレビ系）がある

Interview

作家

誉田哲也

観たいと思わせる キャスティングに感動

——小説『ボーダレス』は欅坂46のメンバーで映像化することを想定して書かれたとか。

〝ひらがなけやき〟が欅坂46にいたころの、2018年の2月から執筆を開始しました。当時の欅坂46には選抜制がなく、漢字、ひらがなはひらがなで活動していたので、この2チームをドッキングさせて「欅坂46&けやき坂46でドラマ選抜」ができたらおもしろいんじゃないかというアイデアからスタートしました。その後、『ボーダレス』は単行本で発表されたのですが、けやき坂46は日向坂46に改名して独立、欅坂46は櫻坂46に改名するなどいろいろ形が変わっていき、そんな紆余曲折があるなか、乃木坂46も参加することになり、今回の〝「3坂道」の合同企画〟になっていきました。乃木坂46まで参加して映像化が実現するとは、かなり奇跡的な展開だったと思います。

——これまで映像化を想定して作品を書かれたことはあったのですか？

私は、これまで作品の映像化に恵まれてきましたが、映像化を前提に執筆したことはただの一度もありませんでした。想定していた形とは変わっていますが、今回が初めてです（笑）。

——想像もしなかったといえば、全世界で猛威を振るっている新型コロナウイルス感染症もありますね。

じつはそれもこの作品を動かした理由のひとつでもあるんです。感染症対策上、コンパクトな撮影現場が必要となっているなか、この作品だと2人ずつで撮っていける。それが撮影を可能にしたんじゃないかと。この作品の基本コンセプトである、「4つのペアの別々の物語」というのが利いた感じになりました。

——「4つの物語」というのは、最初から思い浮かんでいたのですか？

それまでグループの全員参加型のドラマはありましたが、多方面に活躍の場を広げていた彼女たちを見て、スケジュール的に厳しくなるのでは？　と思っていたんです。選抜で数人といえどもスケジュールを合わせることは不可能じゃないかなと。なので、まったく別々に撮影できて、次第に一緒になるという物語の形を選択しました。結果、「3坂道」共演が実現したのだと思います。

——最初は、欅坂46とけやき坂46のメンバーに当て書きをしたとのことですが。

そうなんですが、時がたっていろんな方が卒業してしまったり、ありがたいことに乃木坂46まで加わった大きな企画になったことで、誰が誰をというのはなくなりました。まぁ当初のままだったのは、小林由依さんと渡邉理佐さんだけ。2人は、バラエティ番組や歌番組などを見て、こういう一面があるんだと思ったり、こういう表情を見たいと思って書いた部分があります。あと7人ではないですが、麻耶を演じたルウトさんは最初からイメージしていました。男としても女としても登場させられるというのは物語上とても都合がいいのですが、小説ではできても映像化したときにそれを演じられる人がなかなかいないので、厳しいと思っていて……。そんなときに思い出したのが、ドラマの『増山超能力師事務所』にご出演いただいたルウトさんなんです。自信を持って〝男としても最高にカッコよくて、女としてもすごい美人〟と言える方なので、この役はルウトさんが引き受けてくれれば、大丈夫って。『ボーダレス』という作品を成立させるには不可欠な存在だったので、決まってよかったです。

——その後、キャスティングを知ったときはどう思いましたか？

当て書きをしたといっても本当に小林さんと渡邉さんが出てくれるのかはわからなかったのですが、早い段階で2人の出演が決まったと聞いて、よかったと思いました。そしてほかのメンバーもすごくいいキャスティングになったと思います。森田ひかるさんや早川聖来さん、遠藤さくらさんなんて、作品を書き始めたときにはまだグループに加入もしていなかったので、そういう方たちが『ボーダレス』に参加してくれるのはすごく嬉しかったです。

——ドラマは原作とはエンディングが異なっていたり、違う展開を見せる部分もありましたね。

監督から「原作の世界観を壊さないようにします」と言っていただき、足すアイデアは事前にいただいてそれを落とし込む作業にも参加させてもらっていたので、すごく安心して作品を見守ることができました。ただこれはどの作品でも同じですが、僕のビジネスはあくまで原作小説で終わりなんです。で、シナリオやキャスティング、ロケハン……などそれ以降は制作チームのお仕事であって。原作を使って自由に楽しくやっていただきたいというのが第一にあり、現場の方々の気持ちは尊重したいと思っています。今回は、皆さんが作りたいという物語が単純におもしろく、ドラマ版はドラマ版として純粋に楽しませていただきました。

7人が原作とは違ったキャラの魅力を引き出した

——ドラマをご覧になった感想を教えていただきたいのですが、まずは奈緒を演じた森田さんはいかがでしたか?

森田さんは欅坂46に入ったときから知っていますし、彼女がテレビの音楽番組でセンターを務めた『黒い羊』も大好きだったので、キャスト候補に森田さんの名前が入っていたときから、絶対に出てもらいたいと思っていました。そんな彼女が演じた奈緒を見ると、もうそこには森奈緒しかいないんです。演技であることを忘れてしまうほど自然で、どの角度で撮られていても、そこには僕が知っている森田さんはいなかったです。とくに第2話の、図書室で希莉に「パラレルワールド……?」と聞き返すシーンは、言い方が絶妙ですごく印象に残っています。僕のいちばん好きなシーンでもあります。

——奈緒と一緒に物語を引っ張った希莉を演じた齊藤京子さんはいかがでしたか?

齊藤さんはもともとキャスティングしたかった一人でもあるんです。自分という人格をいったん横に置いて、まったく違う人間になれるタイプだと思っていて。ただ、今回の希莉は原作とは違うんです。原作の希莉はもっと普通なんですが、ドラマ版は物語をまわしていくための存在でもあるので、ちょっとエキセントリックな一面もあったりするんです。でも身の危険を顧みず、興味だけで突っ走る希莉は、齊藤さんにすごく合っていました。彼女だから成り立ったと思っています。

——芭留を演じた渡邉理佐さんは、当初からイメージされていましたが……。

彼女には、そこに存在しているだけで物語を引っ張る力があると思いました。第2話でお父さんが暴漢に襲われている姿をのぞき見して、ハッ!　とするのですが、暗闇の中でのあの表情はすごくよかったです。あれだけで引き込まれましたから。そして彼女の持つ、包み込むような温かさは芭留のイメージとマッチしていました。

——圭を演じた濱岸ひよりさんは、かなり難しい役どころでしたが。

本格的なお芝居が初めてとは思えない演技で驚きました。とくにメイキング映像があることで、それがよりわかりやすく映っていたと思います。演技をしている間は黒目が全然動いていなかったのに、カットがかかった瞬間、彼女の目に視力が戻るんですよ。あれはおもしろくもあり、感心もしました。あと華があるのも、どこか圭に近いと思っていました。

——琴音を演じたのは、当初からイメージされていた、小林由依さんでした。

『猿以外の惑星』（ＮＨＫ ＢＳプレミアム）という、動物のかぶり物をした俳優と一緒にコントをする番組もチェックするくらい彼女のお芝居は見ていて、すごくいい女優さんだなと思っていました。そんな彼女の琴音は、僕のイメージどおりでもありましたし、僕がまだ見たことのない琴音も見られたりして、すごく新鮮でした。

——琴音に対して複雑な思いを抱く叶音を、丁寧に演じていたのが早川聖来さんでした。

第3話で琴音に対して、「お姉ちゃんみたいになりたくない」と言うシーンはすごくよかったです。あれを見たら、みんな琴音がかわいそうだと思うでしょう。そう思わせるというのは早川さんの演技がうまかったということで。ただ楽器をやる僕としては、ギターを弾いている姿はちょっと気になりました（笑）。かなり苦労されたのではないかと思います。

——そして松宮結樹を演じた遠藤さくらさん。原作の雰囲気にかなり近かったのでは?

すごくよかったです。僕は、〝奈緒希莉〟や「ドミナン」、逃亡のパートはある種のリアリティを持って書いたのですが、お屋敷のところはどこか文学的でちょっと別世界をイメージしていて。じつは原作の結樹は性別すら書かず、あえて無色透明にしているんです。そんな全体的にほかとは異質なパートを映像化したらどうなる?　と思って第5話を見たら、すごくぴったりで驚きました。彼女が出てくるシーンはどこか純文学を思わせる雰囲気があって……。あれを出せるのはすごいと思いました。

——小説と映像の違いは感じましたか?

僕の小説はじつはすべて誰かの視点で描かれているんです。つまり誰かが見たこと、聞いたこと、過去の記憶だったり感覚、そういったものだけで文章を紡いでいく。それは、その視点人物が誰かと出会わないとその人物自身を見ることができないということでもあるんです。それに対して映像は、当たり前ですが俯瞰で撮影しています。なので、「このセリフのときはこういう表情だったんだ」など発見がたくさんあり、もうすべてが新鮮でした。そしてやはり画で見て、音を聴くというだけですごくインパクトがありますからね。キャラクターの魅力がより深まったと思います。皆さんが観る人を惹きつける演技をしていたのはもちろんありますが。

——また彼女たちに会いたいと思っている視聴者も多いと思います。

そうですね。7人それぞれに物語があるはずなので、機会があれば続編を書いてみたいですね。そして今回、『ボーダレス』に出演してくれた「3坂道」のメンバー7人をはじめ、全キャスト、スタッフの皆さんに、3年越しの夢が実現したことを、あらためて感謝したいです。

ほんだてつや　1969年生まれ　東京都出身　学習院大学卒。2006年刊行の『ストロベリーナイト』に始まる〈姫川玲子シリーズ〉は、現在の警察小説ムーブメントを代表する作品のひとつとして多くの読者を獲得し、映像化も話題になった。近著は『背中の蜘蛛』『妖の掟』『もう、聞こえない』

グループを越えて生まれた3つの絆 それぞれへの手紙

Message for each other

事件を追いかけながら成長する高校生バディ誕生

奈緒&希莉

奈緒へ

一緒にボーダレスに出演できて本当に嬉しかったし楽しかったです!!

こんなにも波長の合う、笑いのツボが全く一緒なのは奈緒だけです♡♥ またたくさん話そうね!

奈緒のおかげで楽しい日々でした♡

希莉より

希莉へ

約2ヶ月間、本当にありがとうございました！
希莉役が、京子さんで良かったです…！
希莉と奈緒の空気感が大好きです。
撮影中、ツボに入るタイミングが全く同じでずっと笑ってましたね（笑）
これからお会いできる機会は少なくなりますが、またたくさん笑いましょう—！
楽しかったです！

奈緒より

どんなときも手を握り合い、
お互いを思い合う姉妹愛

芭留&圭

芭留
いつも優しくして下さって本当に
ありがとうございました
芭留がお姉ちゃんで幸せです
またいつかご一緒させていただけ
るよう頑張ります!
圭

圭ちゃんへ
約2ヶ月、一緒に頑張ってくれてありがとう!!
圭ちゃん役がひよたんで、本当に本当によかったー♡
撮影は終わってしまったけど、これからも沢山お話しようね😊
ご飯も行こうね!! ♡
芭留より

すれ違う気持ちを乗り越えて
深まる姉妹の絆

琴音&叶音

お姉ちゃんへ
琴音役がお姉ちゃんで
本当に良かったです。
大好きです!
市原叶音役
早川聖来

叶音へ
撮影お疲れ様でした!
私が琴音として最後までお姉ちゃんを演じられたのは
叶音の苦しみ、寂しさ、放っておけない愛おしさを
真摯に表現してくれた聖来ちゃんのおかげです
ありがとう! たくさんお話できて嬉しかったです☺
だいすきだよ～♡
琴音

〝希莉役〟齊藤京子が『ボーダレス』坂道メンバー7人の見どころをズバリ解説

ドラマで事件の謎を次々と推理して名探偵ばりの活躍を見せる希莉を演じた齊藤京子が、7人の演技を名分析！

森田ひかる

（森奈緒）

セリフが自然すぎて奈緒でしかない

ずっと「演技に自信がない」と言っていましたが、「どこが？」と思うほど自然で、驚きました。そういう空気感を醸し出せたりお芝居をお芝居っぽく見せずに演じられるのは、なかなかできないことだと思うし、それを意識せずにできるのは才能だと思います。奈緒のセリフを言っているひかるちゃんは、もう奈緒にしか見えなかったです。

齊藤京子

（片山希莉）

名前で呼び合うところは本当に照れています

どんどん関係性が変わっていく〝奈緒希莉〟ですが、そのきっかけとなった第3話での屋上シーンは好きです。監督からも「恋人同士のようにキュンキュンさせて」と言われて撮影したのですが、本当にそんな感じでエモい。奈緒に「希莉でいいよ」と言って、奈緒が「あぁ、じゃあ……奈緒で」と言うところは、お互い本気で照れているんですよ（笑）。

渡邉理佐

（八辻芭留）

母性を感じさせる姿は本当に理佐さん⁉

とくに姉妹で森をさまよっているシーンは感動的でした。本当の芭留は圭よりも強くないのに頑張っているのが伝わり、めちゃくちゃいいお姉ちゃんだなって。見ていて素直にそう思えるということは、本当にお芝居がお上手なんだと思います。そしてふだんの理佐さんのツンデレな感じはまったく顔を出さず、180度違う母性に包まれていたのはさすがです。

濱岸ひより

（八辻圭）

長ゼリフの言い回しなど初めてとは思えない

視力が弱い演技もすごいんですが、それに加えてアクションや、見入ってしまうほどの感情をこめた演技も素晴らしい。とくに第8話の後半で、アクションをする前の長ゼリフの言い回しがよかったです。間近で見ていたので、途中で齊藤京子が顔を出して「ひよたん、すごい」と泣きそうな感じになってしまうほど。あの難しい役をこなせるのはすごいです。

小林由依

（市原琴音）

まばたきだけで状況を説明できるのはさすが

第8話の「ドミナン」で叶音が捕まっているときに「妹を離してください」と震えながら出てくるシーンには感動しました。そのシーンはセリフがほとんどないんですが、妹を大事にしていて、そのために勇気を振り絞って出てきたことがまばたきだけでわかって。仕草だけでこんなにも伝わるものなんだと驚きました。さすが小林さんです。

早川聖来

（市原叶音）

人質シーンは、経験者？　と思うほどリアル

第8話での人質にされるシーンは圧巻でした。そのときの表情が本当に恐怖で引きつっていたので、もしかして人質になった経験があるのかも？　と思わせるくらいリアルで（笑）。あと、撮影の合間は私たちと一緒にゲラゲラ笑っていたのに、スタートした瞬間、笑いが止まって役に入っていたのがすごかったです。感心したのと同時に、自分の姿を反省しました。

遠藤さくら

（松宮結樹）

謎に包まれている美少女がピッタリ

すべてがすごかったです。透明感があって、美少女という言葉がこれほどまでに似合う人がいるんだと思いました。物語的にも、屋敷の中で過ごしているので非現実的な存在でしたが、それがすごくピッタリで。少し神秘的な美しさも垣間見られました。じつは、結樹のことを描いている第5話はかなりお気に入り。断トツでいちばん観ています。

坂道メンバー7人 直筆サイン入りチェキプレゼント

①森田ひかる

②齊藤京子

③渡邉理佐

④濱岸ひより

⑤小林由依

⑥早川聖来

⑦遠藤さくら

ドラマに出演した坂道メンバー7人の
サイン入りチェキを14名様にプレゼント!

応募方法 ご希望の方は、ハガキに帯の袖裏の応募券を貼り、
①〒住所 ②氏名 ③年齢 ④職業 ⑤電話番号 ⑥ご希望のメンバーの番号 ⑦本書の感想を明記のうえ、
〒112-8011(住所は不要)
光文社「ボーダレス メモリアルブック」係までお送りください。
締切り 2021年9月27日(月)当日消印有効
※当選者の発表は、賞品の発送をもってかえさせていただきます。
ハガキの個人情報に関しましては、抽選及び賞品の発送にのみ使用し、そのほかの目的には使用いたしません。

STAFF

原作	誉田哲也 『ボーダレス』(光文社刊)
演出	金井 紘　桑島憲司　松田祐輔
脚本	伊達さん(大人のカフェ)　森田剛行　桑島憲司
音楽	松室政哉
劇中曲	竹田京右
主題歌	『はじまりのピリオド』Thinking Dogs (Sony Records)
スチール	木村直軌　木村智軌
衣裳	遠藤良樹
ヘアメイク	稲月聖菜
持道具	山下 栞
宣伝	フリーストーン 髙松美由紀　永松貴子　仁井巴菜子 高木祐子　秋田麻理奈
プロデューサー	山下友浩　和田大輔　堀尾星矢
アソシエイトプロデューサー	鈴木快明　中根美里
エグゼクティブプロデューサー	秋元伸介
製作	小林 智　田中智則　寺嶋貴樹　須賀田 大 高橋 亮　連 景伊
製作協力	イースト・ファクトリー
制作プロダクション	UNITED PRODUCTIONS
企画	Y&N Brothers　ALiCE
製作・著作	ひかりTV

BOOK STAFF

PHOTOGRAPHER	鈴木啓太　木村哲夫
WRITER	玉置晴子
ART DIRECTOR	中野 潤 (NO DESIGN)
DESIGNER	小川順子　山﨑健太郎　菅原 慧　龍見咲希 (NO DESIGN)
COOPERATION	ABISTE
EDITOR	伊藤賢二郎　上野武留　佐藤広行　八坂奈々
EDITOR IN CHIEF	青木宏行
SPECIAL THANKS	乃木坂46合同会社　Seed & Flower合同会社

ひかりTVオリジナルドラマ
ボーダレス 公式メモリアルブック

2021年5月30日　初版第1刷発行
光文社 エンタテインメント編集部・編

発行人　内野成礼
発行所　株式会社 光文社
〒112-8011
東京都文京区音羽1-16-6
編集部　03-5395-8271
書籍販売部　03-5395-8116
業務部　03-5395-8128
印刷・製本所　凸版印刷株式会社

ISBN 978-4-334-95248-8